INHALT

Anna Williamson
Dr. Reetta Newell

MACH DICH NICHT VERRÜCKT

BREAKING MAD

Eine Insider-Anleitung
zur Bewältigung von Angst und
allem, was dich in den Wahnsinn treibt

Aus dem Englischen übersetzt
von Horst Kappen

KNAUR.LEBEN

Die englische Originalausgabe erschien 2017 unter dem Titel
»Breaking Mad. The Insider's Guide to Conquering Anxiety«
bei Bloomsbury Publishing.

Besuchen Sie uns im Internet:
www.knaur-leben.de

FSC
www.fsc.org
MIX
Papier aus ver-
antwortungsvollen
Quellen
FSC® C083411

Deutsche Erstausgabe November 2018
Knaur Taschenbuch
© Anna Williamson 2017
© Additional material: Reetta Newell 2017
© Illustrations: Beth Evans 2017
This translation of Breaking mad: The Insider's Guide
to Conquering Anxiety is published by DROEMER KNAUR
by arrangement with Bloomsbury Publishing Plc.
© 2018 der deutschsprachigen Ausgabe Knaur Verlag
Ein Imprint der Verlagsgruppe
Droemer Knaur GmbH & Co. KG, München
Alle Rechte vorbehalten. Das Werk darf – auch teilweise – nur mit
Genehmigung des Verlags wiedergegeben werden.
Redaktion: Nadine Lipp
Covergestaltung: Alexandra Dohse, www.grafikkiosk.de,
nach einer Idee von Bloomsbury
Satz: Adobe InDesign im Verlag
Druck und Bindung: CPI books GmbH, Leck
ISBN 978-3-426-87811-8

2 4 5 3 1

VORWORT

Vor zehn Jahren überkamen mich auf einmal lähmende Angstzustände. Bis dahin wusste ich nicht einmal, was das bedeutet, geschweige denn, wie es sich anfühlt. Damals moderierte ich beim britischen Fernsehsender ITV die angesagte Kindersendung *Toonattik* – eine Arbeit, die ich wirklich mochte und die mir viel bedeutete.

Es kam einfach alles zusammen: eine heikle Beziehung, ein äußerst stressiger Job, bei dem ich immerzu lächeln musste, dazu meine generelle Unfähigkeit, über meine Gefühle zu sprechen. Ich klappte zusammen. Komplett.

Ich kann mich noch gut an den Tag erinnern, an dem ES passierte. Ich hatte das Gefühl, seit Monaten nicht mehr geschlafen zu haben, und war wie ein Kaninchen vor der Schlange. Ich lief eigentlich nur noch auf Autopilot, war fremd in meinem eigenen Körper und Geist und mit jedem Schritt und jeder Entscheidung überfordert. Sogar die Wahl zwischen Cola »light« und »normaler« Cola wurde für mich zu einer Prüfungsaufgabe. Ich war wie umnebelt, bei nichts wirklich »präsent«.

Damals hatte ich, wie gesagt, noch nichts von »Angststörungen« und »Panikattacken« gehört, aber ich fühlte mich – wie ich es nannte – »seltsam«, eben »nicht normal«, als würde ich durchdrehen. Es dauerte ein halbes Jahr, bis ich an einen Punkt kam, den ich heute meinen »Meltdown Day« nenne, den Tag meiner »Kernschmelze«. Aber bis zu diesem Zeitpunkt wachte ich jeden Tag, JEDEN VERDAMMTEN TAG, mit einem

Gefühl der Enge in der Brust auf, als wäre sie in einen Schraubstock eingespannt, und mit einem Grundgefühl aus Beklemmung, Angst und Einsamkeit. Ich. Konnte. Es. Einfach. Nicht. Ändern.

Es lag ein weiterer bedrohlicher Tag voller unnötiger und grundloser Panik vor mir, und ich wünschte nur und betete darum, dass er so schnell wie möglich zu Ende ginge. Ich war emotional und körperlich erschöpft und dabei die vollkommene Schauspielerin: Ich setzte ein perfektes Pokerface auf, während ich innerlich auseinanderfiel. Irgendwann dachte ich sogar daran, mir durch einen Autounfall eine Auszeit im Krankenhaus zu verschaffen, um aus der Welt zu sein und endlich einmal zur Ruhe zu kommen.

Es war traurig genug: Ich war 25, hatte eine liebe Familie, viele Freunde und war trotzdem ein emotionales und seelisches Wrack. Und niemand wusste davon, denn – um ehrlich zu sein – nicht einmal ich wusste Bescheid. Wie soll man sich jemandem öffnen und sich Hilfe holen, wenn man nicht weiß, was mit einem los ist? Wenn es etwas ist, das man nicht anfassen und nicht *sehen* kann? Meiner Erfahrung nach ist dies das eigentliche Problem und Stigma bei seelischen Erkrankungen, und hier setze ich mit meinem Buch an: Es soll der Angst samt ihrer dummen und ungerechten Stigmatisierung gehörig Feuer unter dem Hintern machen.

Es heißt, dass man erst am absoluten Tiefpunkt ankommen muss, bevor es wieder aufwärtsgehen kann, und in meinem Fall war das nur allzu wahr. Ich musste mit meinem Latein erst vollkommen am Ende sein, bevor ich mir endlich die Hilfe holte, die ich so dringend brauchte – von der ich aber *bis* zu meiner »seelischen Kernschmelze« nicht wusste, dass es sie gab. Ich weiß nicht, wie es dir damit ergeht, aber für mich gibt es nichts so Beschämendes und Demütigendes, wie in der Öffentlichkeit zu weinen. Es ist einfach so verdammt peinlich. Wir haben nun mal diese seltsame Mentalität, die uns darauf programmiert, keine Gefühle zu zeigen, aus Angst, als »schwach« abgestempelt zu werden oder uns zu blamieren. Und es macht es nicht besser, wenn sich die Leute angesichts einer Heulboje verziehen. Ich muss ihnen wohl zugutehalten, dass ich dabei keinen hübschen Anblick biete. Offenbar produziere ich genug Rotze und Tränenflüssigkeit, um es darin mit einem plärrenden Kleinkind aufzunehmen.

Am besagten Tag war ich völlig aufgelöst. Ich hatte nicht geschlafen, und die Angst saß mir im Nacken. Ich hatte stechende Schmerzen in der Brust, und mein Hirn war ein einziger Brei. Ich quälte mich ins Fernsehstudio, um eine weitere temporeiche Show aufzunehmen, als in mir auf einmal die Dämme brachen und die monatelang zurückgehaltenen Tränen flossen und flossen. Und alles, was es dazu brauchte, war ein schlichtes, wenn auch besorgtes »Anna, bist du okay?«, das mir eine Kollegin im Vorbeigehen zuwarf. Es war, als wären auf Knopfdruck alle angestauten Sorgen, Frustrationen, Selbstzweifel und Ängste freigesetzt worden. Und es fühlte sich einfach nur gut an, alles aus mir herausströmen zu lassen.

Aber nicht sofort, wohlgemerkt. Es war seltsam und unwirklich genug, klammheimlich auf den Rücksitz eines Taxis gesetzt und nach Hause geschickt zu werden, bis es mir »wieder besser geht«. Aber die dreiwöchige Arbeitspause, eine sich anschließende Gesprächstherapie (siehe Kasten weiter unten) und die vorübergehende Einnahme angstlösender Medikamente, die mich endlich wieder schlafen ließen, sorgten für eine Wende in meinem Leben.

Diese »Kernschmelze« war ein gewaltiger Schuss vor den Bug, der mich etwas über die Angst lehrte, über mich selbst und darüber, was ich im Leben wollte – und vor allen Dingen, was ich *nicht* wollte. Der Weg, den ich dann ging, um zu lernen, wie ich den Anzeichen der Angst begegnen und mein Gleichgewicht wiederfinden kann, hat mich, zehn Jahre später, dazu geführt, dieses Buch zu schreiben.

In diesen Jahren nach meiner »Kernschmelze« begab ich mich auf eine Mission der Selbstfindung, während derer ich mich intensiv mit Methoden wie psychologisches Counselling, Life Coaching und NLP auseinandergesetzt habe. Es ist mir eine Freude, mein Wissen über Techniken zur Angstbewältigung und Tipps, die ich selbst ausprobiert und für wirksam befunden habe, hier weitergeben zu können.

Auf den Punkt gebracht: Formen der Gesprächstherapie

Psychotherapie

Psychotherapie ist eine Form von Gesprächstherapie zur Behandlung emotionaler Probleme und seelischer Störungen. Um den Klientinnen und Klienten eine effektivere Kommunikation zu ermöglichen, kommen neben dem Gespräch auch andere Mittel zum Einsatz wie künstlerischer, musikalischer oder schauspielerischer Ausdruck.

Psychotherapeuten/-innen sind darin geschult, ein offenes Ohr für deine Schwierigkeiten zu haben, um deren Ursachen auf den Grund zu gehen und dir bei ihrer Lösung zu helfen. Neben der Besprechung wichtiger Themenbereiche schlagen Psychotherapeuten/-innen eventuell Strategien zur Problemlösung vor und helfen dir, deine Einstellungen und Verhaltensweisen zu verändern.

Klinische Psychologie

Aufgabe der klinischen Psychologie ist es, den Leidensdruck zu verringern und das seelische Wohlbefinden der Klienten zu erhöhen. Aufgrund ihrer speziellen Ausbildung kennen sich klinische Psychologen/-innen mit einer großen Bandbreite seelischer Störungen aus, die in jedem Lebensalter auftreten können. Sie sind in einer Reihe diagnostischer und therapeutischer Methoden geschult, deren Wirksamkeit empirisch erwiesen ist und die positive Veränderungen im Leben der Leidenden bewirken sollen.

Psychiatrie

Die Psychiatrie ist ein Teilgebiet der Medizin, das sich speziell der Vorbeugung, Diagnostik und Behandlung von psychischen Störungen widmet. Da Psychiater Mediziner mit einer fachärztlichen Ausbildung sind, können sie nicht nur selbst »Gesprächstherapie« anbieten, sondern auch Psychopharmaka verschreiben.

Neurolinguistisches Programmieren (NLP)

NLP ist eine Form der Gesprächstherapie, die versucht, mithilfe bestimmter Kommunikationstechniken auf die dynamischen Abläufe zwischen Geist, Sprache und Verhalten Einfluss zu nehmen. Dabei dient der NLP-Therapeut als »Spiegel« für das, was der Klient ihm anbietet. Mit einer Reihe verschiedener Techniken und Selbsterfahrungsprozessen hilft er bei der Klärung lösungsbedürftiger Themen, Emotionen und Blockaden.

Hypnotherapie

Siehe den Abschnitt »Was ist Hypnose?« in Kapitel 9.

Achtsamkeit

Achtsamkeit ist die bewusste und wertungsfreie Wahrnehmung des gegenwärtigen Augenblicks, einschließlich der eigenen Gedanken und Gefühle. Es geht darum, das Leben und die Welt um sich herum auf wache Weise zu erfahren, anstatt sich im Denk- oder Sorgenmodus zu verlieren. Achtsamkeitsmethoden haben ihren Ursprung im Buddhismus, dort werden sie schon seit Tausenden von Jahren praktiziert. In neuerer Zeit werden sie – in Form der achtsamkeitsbasierten kognitiven Therapie (MBCT) und der achtsamkeitsbasierten Stressreduktion (MBSR) – auch als Therapieform eingesetzt.

Die Achtsamkeit kann man entweder im Rahmen einer Therapie bzw. in einem MBSR-Kurs erlernen oder auch selbstständig mithilfe von Online-Kursen, Büchern oder Videos. Achtsamkeit kannst du auf viele Arten üben – entweder »formell« (etwa durch regelmäßige Atemübungen) oder »informell« (etwa anhand alltäglicher Abläufe wie beim Gehen oder Essen).

Emotional Freedom Technique (EFT)

EFT wird manchmal auch als »psychologische Akupressur« bezeichnet. Die Technik umfasst eine Reihe von »Klopf«-Techniken, bei denen bestimmte Akupressurpunkte stimuliert werden, um »Energieblockaden« aufzulösen, die sich nicht nur negativ auf das emotionale Gleichgewicht auswirken, sondern auch das Denk- und Handlungsspektrum einengen.

EFT gilt als eine natürliche und unbedenkliche Methode der

Selbsthilfe ohne Nebenwirkungen. Man kann das »Klopfen« selbst mit den Fingerspitzen ausführen oder sich an einen EFT-Therapeuten wenden.

Counselling

Counselling[1] ist eine Therapieform, die es dir ermöglicht, in einem vertraulichen und wertungsfreien Umfeld über deine Probleme und Gefühle zu sprechen. Die Rolle des Counsellors besteht darin, zuzuhören und Anleitung bei der Bearbeitung beliebiger Themen zu bieten, wobei du selbst den Rahmen vorgibst. Normalerweise erteilt ein Counsellor keine Ratschläge, sondern sucht gemeinsam mit dir Wege zum Verständnis und zur Lösung deiner Probleme.

Kognitive Verhaltenstherapie

Siehe Definition zu Beginn der Einführung.

Ob es nun um **soziale Ängste** geht, um **Panikattacken, Schlafstörungen,** angstbedingte **Kopfschmerzen, Appetitlosigkeit, Stress** oder eine **posttraumatische Belastungsstörung** (PTBS), um **Suchtverhalten und Abhängigkeiten** wie Alkohol- und Drogenmissbrauch oder selbstverletzendes Verhalten, um **Schwermut oder Depressionen,** um chronische **Beschwerden oder Schmerzen:** Ich habe ein paar gute Tipps für dich.

---

1 Diese Darstellung betrifft die Situation in Großbritannien. In Deutschland ist diese Form psychologischer Beratung weniger verbreitet und hat hier einen teilweise anderen Status (Anm. d. Übers.).

Vielleicht fragst du dich jetzt (und ich bin mir sicher, dass so manch eine/einer es tut): *Woher will sie das alles wissen? Und wieso glaubt sie, es hier verkünden zu müssen? Und warum sollten wir ihr folgen?* – Nun, die Antwort lautet: Ich weiß, wovon ich rede, denn ich habe selbst dringesteckt.

Ich war selbst ein von Ängsten gepeinigtes Häuflein Elend, hatte vor Präsentationen oder Vorstellungsgesprächen schlaflose Nächte, in denen ich ständig auf die Uhr schaute. Ich ging mit Herzklopfen und feuchten Händen auf Partys, auf denen ich mir wie ein armseliger Sonderling vorkam, und wollte im Boden versinken, wenn mich die nächste fette Panikattacke erfasste. Ich weiß, wie es ist, wenn man glaubt zu ersticken, nicht mehr schlucken kann und höllische Kopfschmerzen hat, die von der lähmenden Angst kommen. Ich kenne das Glas Tequila zu viel, das man sich gönnt, um wenigstens ein bisschen Schlaf zu finden und sich, wenn auch nur vorübergehend, von den quälenden Ängsten zu befreien. Und um auch das zuzugeben: Ich habe schon mitten in der Nacht tränenaufgelöst meine Mutter angerufen, weil ich mich so verlassen und verängstigt fühlte, dass ich nicht schlafen konnte und meine »Mum« brauchte (ich bin 35 Jahre alt, erwarte ein Baby und bezahle ein Haus ab). Ich glaube also, mich ganz gut auszukennen.

Über die letzten zehn Jahre habe ich gelernt, mit meinen Ängsten und Panikattacken nicht nur *klarzukommen*, sondern ihnen gehörig in den Arsch zu treten, damit sie nicht über mein Leben und meine Zukunft bestimmen. Zu verdanken habe ich das Robert Schapira, dem besten Psychiater und Berater, den ich mir hätte wünschen können, der Unterstützung durch meine Familie und hilfsbereite Freunde, einer Menge Selbstakzeptanz und noch viel mehr praktischer und theoretischer Arbeit. Ich bin der lebende Beweis dafür, dass eine psychische Erkrankung dich nicht definieren muss und darf oder auch nur etwas

Schlechtes sein muss. Ich behaupte sogar, dass ich jetzt nicht so glücklich oder zufrieden wäre, wenn ich *nicht* an einer Angststörung gelitten hätte. Verrückt, oder?

Dabei ist mir bewusst, wie viele Menschen unter dieser lähmenden und einschränkenden Erkrankung schon gelitten haben und noch leiden. Vielleicht auch du selbst oder jemand aus deiner Familie oder deinem Freundeskreis. Vor ein paar Jahren habe ich mich deshalb dazu entschlossen, etwas von all dem zurückzugeben. Ich bin sehr stolz darauf, meinen Teil dazu beizutragen, psychische Erkrankungen von ihrem Stigma zu befreien und als Counsellor, Life Coach und NLP-Therapeutin mein persönliches und professionelles Wissen sowie Tipps und Techniken einem großen Kreis von Menschen zu vermitteln – durch Fernseh- und Radiosendungen, Artikel und auch durch die Klientenberatung in meiner eigenen Coaching-Praxis. Diese Erfahrungen und das Feedback der Menschen, mit denen ich bei meiner Medienarbeit und meiner persönlichen Beratertätigkeit zusammenkomme, haben mich dazu gebracht, dieses Buch zu schreiben. Es ist mein Versuch, der Stigmatisierung entgegenzuwirken und offen über psychische Erkrankungen zu sprechen. Ich möchte jeden dazu ermutigen, die eigene seelische Gesundheit ernst zu nehmen, und hoffe, dass du auf diesen Seiten jede Menge Hilfe, Rat, Unterstützung und Verständnis für deine Situation findest.

Als ich verzweifelt auf der Suche nach etwas oder jemandem war, von dem ich mir Hilfe versprechen konnte, tat ich mich mit vielen der einschlägigen Bücher schwer. Manche von ihnen sind sperrig, unpersönlich und enthalten zu viel Fachsprache.

Wenn du unter Angstzuständen leidest, bist du ständig am Anschlag. Wem es so geht, dem fällt es unglaublich schwer, sich auf anspruchsvolle Lektüre zu konzentrieren und große Theoriebrocken zu verdauen. Was du dann brauchst, sind mundgerechte Häppchen, ein paar praktische Worte, die dir Trost, Unterstützung und Hilfe bieten. Ein paar Tipps und Techniken, um dir etwas von diesem ekelhaften Gefühl körperlicher Lähmung zu nehmen, das die Angst bewirken kann. Du willst ernst genommen werden, dich verstanden fühlen und vor allem »normal« sein. Letzteres ist heutzutage ein umstrittenes Wort, ich weiß. Aber so *fühlst* du dich nun mal – und das sage ich, weil ich es am eigenen Leib erfahren habe.

Darum wollte ich dieses Buch schreiben. Ich wünschte, es hätte auf magische Weise bereits existiert, als ich selbst es am nötigsten hatte. Ich bin überzeugt davon, dass es mir dabei geholfen hätte, a) zu verstehen, was eigentlich mit mir los war, b) den *Grund* dafür zu erkennen und mich dadurch zu beruhigen, und c) dass es mir die praktische Unterstützung gegeben hätte, die ich für meinen Geist und Körper so dringend brauchte, um handlungsfähig zu sein und mir Hilfe zu holen. Und vor allen Dingen hätte es mir klargemacht, dass ich völlig *normal* bin. Es ist kaum zu überschätzen, wie wichtig das für jemanden ist, der an einer Angststörung leidet.

Meine Klienten, Fans und Follower sagen mir oft, dass sie mir als Therapeutin und Coach gerade deshalb vertrauen, *weil* es mir genauso wie ihnen ergangen ist. Das bedeutet mir wirklich etwas, und es ist für mich auch niemals selbstverständlich.

Bei meinem »Feldzug« gegen die Angst war es mir von Anfang an wichtig, »real«, authentisch und transparent mit meinen Erfahrungen und Ratschlägen zu sein, ob bei Fernsehauftritten, in den sozialen Medien oder in dem, was ich schreibe. Angststörungen und andere psychische Erkrankungen sind etwas, das man in die Normalität holen muss, über das man offen und aufrichtig sprechen muss, ohne Stigmatisierung, und zuweilen auch mit Humor – um der Angst ihre Macht zu nehmen, gibt es oft nichts Besseres, als ihr ins Gesicht zu lachen!

In den vergangenen fünf Jahren floss ein großer Teil meiner Arbeit in die Unterstützung dreier gemeinnütziger Vereinigungen: Da ist einmal »Mind«, eine gemeinnützige Organisation für psychisch Kranke, die umgekehrt eine große Hilfe bei der Entstehung dieses Buches war; außerdem »Childline«, ein Sorgentelefon für Kinder und Jugendliche; und schließlich »The Prince's Trust«, eine Organisation, die sich um junge Menschen in Krisensituationen kümmert.

Letztere hat kürzlich einen Bericht veröffentlicht, aus dem hervorgeht, dass jeder zehnte junge Mensch zwischen 16 und 35 Jahren aufgrund von Ängsten außerstande ist, das Haus zu verlassen. Jetzt erkennt man, dass psychische Erkrankungen ein großes gesellschaftliches Gesundheitsproblem darstellen, und inzwischen leidet jeder Vierte daran. Dabei macht die Angststörung keinen Unterschied zwischen Hautfarbe, Religion, Geschlecht oder sozialer Schicht – jeden kann es jederzeit aus den verschiedensten Gründen treffen.

Meine Insider-Anleitung zur Bewältigung von Angst und allem, was dich in den Wahnsinn treibt, ist für jeden da, der eine hilfreiche Hand und ein freundliches Wort braucht. Ein praktischer und alltagstauglicher Ratgeber, der auf leicht verständliche Weise dabei hilft, Angstzustände als solche zu erkennen und mit ihnen klarzukommen, von den ersten Anzeichen bis zu ihren tiefsten Abgründen. Wo und wann immer sie auftreten – ob zu Hause, im Bus, im Fitnessstudio oder auf der Toilette am Arbeitsplatz: Hier ist dein Taschen-Ratgeber für jede Notlage.

Über die Angst zu sprechen kann selbst schon eine äußerst furchterregende Vorstellung sein. Ich respektiere das, weiß aber auch, dass es keineswegs so sein muss. Sowohl aus eigener Erfahrung als auch aus meiner Arbeit als Life Coach und Psychotante im Fernsehen und Radio weiß ich, dass es nichts so

Ermutigendes gibt, wie den ersten Schritt zu tun und sich Hilfe zu suchen. Wenn du zu diesem Buch gegriffen hast und es jetzt liest, bist du schon auf dem richtigen Weg – ausgezeichnet!

Um dem Thema ein wenig Kontext und Kontur zu geben, will ich in *Breaking Mad* von meinen eigenen Erfahrungen mit der Angst berichten. Außerdem möchte ich dir Tipps und Techniken an die Hand geben, die ich selbst ausprobiert und in der Arbeit mit meinen Klienten entwickelt habe, um mit den gängigsten Symptomen und typischen Situationen, in denen Angstzustände auftreten können, zurechtzukommen.

Hier kommt also die Hilfe, die du brauchst. Ich hoffe, du findest mein Buch aufschlussreich, und nun lass uns der Angst Beine machen.

Von Herzen,
Anna

Besuche Anna auf ihrer Webseite und in den sozialen Medien:

www.annawilliamson.co.uk
www.lifecoachingbyanna.com
Twitter: @annawilliamsTV
Instagram: @lifecoachingbyanna

EINFÜHRUNG

VON DR. REETTA NEWELL

Ich habe 2010 meine Ausbildung zur klinischen Psychologin beendet und anschließend knapp fünf Jahre in einem psychologischen Gesundheitsdienst (CAHMS)[2] für Kinder und Jugendliche gearbeitet, bevor ich mich entschieden habe, mich 2014 in eigener Praxis als Psychotherapeutin niederzulassen. Gegenwärtig arbeite ich mit Kindern, Familien und Erwachsenen in den Bereichen Anamnese, Beratung und Therapie in einer Privatklinik in Bishop's Stortford, Hertfordshire. Ich bin Mutter zweier kleiner Töchter, von denen ich eine Menge über die menschliche Psychologie gelernt habe!

Bei meiner Arbeit als klinische Psychologin geht es darum, den Leidensdruck zu verringern und das seelische Wohlbefinden zu verbessern. Dabei bediene ich mich verschiedener Ansätze, unter anderem der Kognitiven Verhaltenstherapie, die auch die Therapieform darstellt, auf die ich mich in meinen Beiträgen zu diesem Buch weitgehend beziehe.

Was ist Kognitive Verhaltenstherapie (KVT)?

Die KVT ist eine häufig angebotene Therapieform, die in der Behandlung von Angststörungen und anderen verbreiteten psychischen Problemen Anwendung findet. Es ist empirisch gut belegt, dass sie bei einer Reihe verschiedener Ausprägun-

---

2 Die Child and Adolescent Mental Health Services (CAMHS) werden vom National Health Service (NHS), dem staatlichen Gesundheitssystem in Großbritannien und Nordirland, getragen (Anm. d. Übers.).

gen von Angststörungen bei Erwachsenen wirksam ist, und sie gehört zu den anerkannten Therapieverfahren. Die KVT geht davon aus, dass übermäßig ängstliche Menschen negative Glaubenssätze über sich selbst und die Welt entwickelt haben. Sie will ihnen deshalb dazu verhelfen, das Bild, das sie von sich selbst und ihrer Umwelt haben, zu verändern.

Die KVT ist allerdings nicht die einzige Therapieform, die ich anwende, da es äußerst wichtig ist, den individuellen Kontext zu berücksichtigen, was die KVT nicht immer tut. Damit meine ich persönliche Unterschiede, also Dinge wie Familiendynamik, Alter, Geschlecht, ethnische Herkunft, Bildung sowie kultureller und religiöser Hintergrund. Diese unterschiedlichen Voraussetzungen können sich ganz erheblich auf die individuelle Problembewältigung auswirken und auch auf die Fähigkeit, sich Unterstützung zu holen. Daher ist es für mich wichtig, eine Angststörung im entsprechenden Kontext zu sehen und bei der Arbeit mit meinen Klienten einige dieser Faktoren zu berücksichtigen. Um ein Beispiel für die Auswirkung des Geschlechtsunterschieds zu nennen: Männer nehmen sehr viel seltener psychologische Hilfe in Anspruch und begehen deutlich häufiger Suizid als Frauen. Hier ist es Aufgabe der Fachleute, nach Wegen zu suchen, um Männer stärker anzusprechen, damit eine ausreichende psychologische Versorgung erreicht werden kann.

Möglicherweise finden nicht alle meine Tipps oder Vorschläge bei dir Anklang. Das bedeutet nur, dass du wie jeder Mensch einen individuellen Bedarf hast: Es handelt sich nicht um »Universal«-Techniken, die für jeden passend sind. Falls dir also etwas nicht zusagt, dann überspringe es und versuche es mit einer anderen Methode, die bei dir besser funktioniert.

Mein Beitrag zu diesem Buch

Anna hat ein tolles Buch geschrieben und zweifellos ihr Ziel erreicht, mit ihren Erfahrungen und Ratschlägen »real« und transparent zu sein. Ich glaube, dass dieses Buch einen großen Beitrag dazu leisten kann, die Stigmatisierung von Angsterkrankungen zu beenden, und es wird hoffentlich mehr Menschen dazu ermutigen, über ihre Gefühle und Erfahrungen mit der Angst zu sprechen. Ich bewundere Annas engagierten und konstruktiven Umgang mit dem Thema, und ich glaube, dass sich ihr Buch als eine wertvolle Lektüre für alle erweisen wird, die nach einem Weg suchen, ihre Ängste in den Griff zu bekommen.

Am Ende jedes Kapitels biete ich aus meiner Perspektive weitere Informationen zum Thema und stelle meine »Top-Tipps« zur Bewältigung von Ängsten und damit in Beziehung stehender Probleme vor. Dabei handelt es sich um eine Auswahl von Tipps und Konzepten, die sich in meiner Arbeit mit Angstpatienten bewährt haben.

Ängste sind ein weitverbreitetes psychisches Gesundheitsproblem. Sie können jeden von uns treffen, unabhängig vom persönlichen Hintergrund und von der Lebenssituation. Wir alle werden im Leben mit Dingen konfrontiert, die das Potenzial haben, Angst auszulösen, seien es Vorkommnisse im häuslichen Umfeld oder am Arbeitsplatz, seien es Beziehungs- oder Gesundheitsfragen oder auch Veränderungen der Lebenssituation durch Elternschaft, Scheidung, Unfälle oder Todesfälle.

Je nach Ausprägung bewegen sich Ängste auf einer Skala von einer »normalen« Angstreaktion bis hin zu schweren Angstzuständen, die ein normales Funktionieren im Alltag unmöglich machen, und irgendwo auf dieser Skala können wir uns alle wiederfinden. Gewiss ist es hilfreich, in der Angst eine normale menschliche Gefühlsregung zu sehen. Es ist aber auch wichtig, zu erkennen, wann sie mehr als das ist. »Selbsthilfe« ist ein wichtiger Teil der Arbeit mit der Angst, aber sie sollte professionelle Hilfe nicht ersetzen. Wenn die Angst dich in deinem alltäglichen Leben behindert, solltest du erwägen, ärztliche oder psychologische Hilfe in Anspruch zu nehmen.

1.

ÄNGSTE VERSTEHEN – DAS »WAS IST MIT MIR LOS?«-GEFÜHL

Annas Notfallbox

GRATULIERE! Du kannst dir selbst auf die Schulter klopfen. Du hast soeben den ersten Schritt getan, um zu verstehen, was Angst ist, und dir Hilfe zu ihrer Bewältigung zu holen. Es ist super, dass du mehr über die Angst erfahren willst und diesem Buch eine Chance gibst. Du bist dabei, dir selbst etwas Gutes zu tun.

DRÜCK DEN PAUSE-KNOPF Reserviere dir jeden Tag oder jede Woche etwas Zeit, um dich aus den Aktivitäten und Gedanken des Alltags herauszuziehen. Nimm dir »deine Zeit«, um mit *dir selbst* in Kontakt zu kommen.

INTERVIEWE DICH SELBST Frage dich jeden Tag: »*Wie geht es mir heute?*« Aber bevor du automatisch mit »Danke, gut« antwortest, stell dir die Frage so ehrlich und aufrichtig wie möglich. Wie immer die Antwort auch ausfällt, nimm sie ernst und richte dich danach, damit du sicher sein kannst, dass du möglichst gut für dich selbst sorgst.

Kommen wir zur Sache

. . . .

Gehen wir's also an. Vielleicht hast du dir dieses Buch für dich selbst gekauft oder weil jemand in deiner Familie oder in deinem Freundeskreis von dem Thema betroffen ist. Vielleicht bist du auch einfach nur neugierig, was ich zu sagen habe und wie ich dir helfen kann. Wie dem auch sei: Ich möchte dich an dieser Stelle ganz herzlich willkommen heißen.

Aus eigener Erfahrung weiß ich, wie entmutigend es sein kann, sich ins Minenfeld der »Selbsthilfe«-Bücher vorzuwagen, ohne *wirklich* zu wissen, was einen da erwartet oder welches Buch das richtige ist. Das ist absolut nachvollziehbar und einer der Hauptgründe, warum ich mich dazu entschlossen habe, dieses Buch zu schreiben. Wenn du also nach einem offenen, ehrlichen und manchmal auch unbeschwerten Umgang mit diesem Tabuthema suchst, dann bist du hier richtig.

Als ich in den tiefsten und dunkelsten Abgründen der Angst steckte, brauchte ich unbedingt Hilfe. Ich konnte aber gar nicht sagen, was in mir vorging (außer dass es sich grauenhaft anfühlte). Aber ich wusste, dass ich jemanden brauchte und haben wollte, der mir sagt, dass alles gut wird und es a) einen Grund dafür gab, warum ich mich so fühlte, und dass ich b) auf Hilfe zählen konnte.

Wenn du mentale oder emotionale Einbrüche erlebst, dann ist das Letzte, was du brauchen kannst, ein dicker Selbsthilfe-Wälzer, der gespickt ist mit wissenschaftlichen Begriffen, von denen du nur die Hälfte verstehst. Weitschweifiges Psycho-Kauderwelsch zu lesen ist etwas, wozu du dich jetzt weder in der Lage fühlst noch in der Lage *bist*. Wenn du Angstzustände hast, unter Druck stehst oder deprimiert bist, sind deine Gedanken und Gefühle ein einziger Wust, du bist mit deiner Kraft am Ende und läufst auf Reserve. Was ich in solchen Momenten nötig hatte, waren knappe, klare und leicht verständliche Ratschläge und Hilfestellungen.

Damit will ich nicht sagen, dass die anspruchsvolleren Standardwerke über die Angst nichts taugen. Manche von ihnen sind ganz ausgezeichnet und erfüllen einen wichtigen Zweck, wenn man sich genau über die neurowissenschaftlichen Zusammenhänge und chemischen Vorgänge im Gehirn informieren will. Mir ging es aber gerade darum, dir die Mühe zu ersparen, dich auf der Suche nach Unterstützung durch all diese Informationen zu kämpfen. Stattdessen wollte ich einen alltagstauglichen Notfallratgeber für die Momente schreiben, in denen du sofortige Hilfe benötigst.

Dieses Buch soll dir also genau das bieten, was ich damals gebraucht hätte: schnelle Hilfe, Empathie, Tipps und Techniken, um dann, wenn die Angst zuschlägt, etwas gegen sie in der Hand zu haben. Ich möchte, dass du ein normales Leben führen kannst, die Dinge tust, die du gerne tust, unter Menschen gehst und die Angstattacken als das erkennst, was sie sind – ein uralter und tief in uns verwurzelter, aber oft fehlgeleiteter Schutzmechanismus.

Vielleicht steckst du dir das Buch in die Handtasche, in die Sport- oder Aktentasche oder legst es dir auf den Schreibtisch – an irgendeinen Platz, wo du es schnell griffbereit hast. Den Text der einzelnen Kapitel und Übungen habe ich bewusst leicht verständlich formuliert. Du kannst entweder das ganze Buch langsam durcharbeiten und/oder direkt zu den entsprechenden Stellen blättern, um eine akute Angstattacke, quälende Gefühlszustände oder negative Verhaltensmuster in den Griff zu bekommen. Was immer du im Augenblick brauchst: Hier kannst du es finden.

Übungsalarm

Dein Stresspegel

Diese kurze, aber effektive Übung hilft dir dabei, dich »in den Augenblick« zurückzuholen, damit du wahrnimmst, WIE du dich JETZT fühlst. Wozu ist das gut? Wenn wir den Fokus ganz auf uns selbst richten, kann das enorm hilfreich sein, um unseren »Zustand« zu erkennen und herauszufinden, wo wir eventuell nachbessern müssen.

Nimm dazu ein Notizbuch, eine Kreidetafel, dein Tagebuch, Smartphone oder Tablet ... was immer deine bevorzugte und die für dich bequemste Form ist, dir etwas zu notieren. ☺ Zieh quer über das Blatt oder die Tafel eine waagerechte Linie, auf der du von links nach rechts eine Skala von 1 bis 10 einträgst, oder erstelle auf deinem Handy oder Tablet eine entsprechende Liste – diese Option bietet sich an, wenn du etwa im Zug unterwegs bist. ☺ Lass dir jetzt ein paar Augenblicke Zeit, um einfach zu »sein«, wo immer du gerade stehst oder sitzt, und schließe dabei die Augen, falls es sich für dich nicht komisch anfühlt. ☺ Nimm wahr, wie du dich hier und jetzt fühlst, nicht gestern, nicht normalerweise, sondern JETZT, und erlaube diesem Gefühl oder diesen Gefühlen, in diesem Moment einfach zu »sein«. ☺ Bewerte nun deine aktuelle Verfassung anhand der Skala, indem du die entsprechende Zahl notierst oder markierst. 1 bedeutet, dass du dich »richtig gut und entspannt« fühlst, und 10, dass du »unerträgliche Angst und/oder Anspannung« verspürst. ☺ Frage dich nun: »Was muss geschehen, um diesen Wert um eine Stufe abzusenken?« – wenn du ohnehin schon auf der 1 gelandet bist, umso besser, weiter so! ☺ Bewerte anhand dieser Skala jeden Tag deine Verfassung, stelle dir anschließend dieselbe Frage und achte darauf, ob sich dabei ein Muster zeigt, etwa ein hoher Wert an bestimmten Tagen, die besonders stressig oder bedrückend sind. ☺ Wenn wir erst einmal begonnen haben, unsere innere Verfassung wahrzunehmen, können wir uns im nächsten Schritt überlegen, ob und wie wir einzelne Elemente in unserem Leben ändern müssen beziehungsweise ob und wie wir unsere Betrachtungsweise verändern können, um näher an den Wert 1 heranzukommen.

Wichtig: Wenn du auf dieser Skala häufig auf den Wert 10 kommst, solltest du erwägen, deinen Hausarzt oder eine psychologische Beratungsstelle aufzusuchen, um direkte persönliche Unterstützung zu bekommen.

Kann's losgehen? Gut. Was also hat es mit der viel zitierten Angst auf sich? Und was IST das überhaupt – »Angst«? Bevor wir dazu gleich in ein wenig Theorie einsteigen, muss ich auf ein Wort eingehen, das ich oft verwende und das dir hier immer wieder begegnen wird. Es geht um den Begriff »normal«.

Viele Menschen fühlen sich unwohl, wenn das Wort »normal« fällt, vor allem wenn es um sensible Themen wie die seelische Gesundheit geht. Damit wir uns nicht falsch verstehen: Ich bin absolut für einen respektvollen Umgang miteinander und die Erste, die sich dafür einsetzt. Aber damit uns allen klar ist, wovon beim Wort »normal« die Rede ist, hier die Definition: *»der übliche, gewöhnliche oder erwartungsgemäße Zustand«*, etwas, unter dem man auch die *»Funktionsebene«* verstehen kann. Nicht einen Moment benutze ich dieses Wort in einem respektlosen, wertenden oder auch nur entfernt polemischen Sinn, und ich verwende es oft selbst, um einzuschätzen, wie ich mich fühle. Um aber der *political correctness* Genüge zu tun, war es mir wichtig, diesen Punkt zu klären.

Zunächst geht es mir darum, mit dir zu klären, was sich für dich als »normal« anfühlt. Ich selbst neige nicht dazu, mich an dem zu messen, was andere glauben oder denken, was normal sei. Jeder von uns ist individuell und einzigartig, und es ist gerade diese Andersartigkeit, die ich so sehr bei meinen Klienten, bei meinen Freunden und in meiner Familie schätze. Die für *mich* komfortable Funktionsebene kann sich von deiner ganz gewaltig unterscheiden, darum ist es für dich erst einmal wichtig zu wissen, wer DU bist. Das ist die eigentliche Basis dessen, was ich dir vermitteln will – wenn wir auf emotionaler, körperlicher und mentaler Ebene besser wissen, wer wir sind (und genauso wichtig: wer wir *nicht* sind), kann das enorm hilfreich dabei sein, negative Gefühle wie Angst loszuwerden.

Was ist Angst?

. . . .

Wenn du halbwegs so gestrickt bist wie ich, wird sich dir die Frage »Warum gerade ich?« schon bei mehr als einer Gelegenheit gestellt haben, sei es bei einer ausgewachsenen Angstattacke oder bei einer Achterbahn der Symptome wie dem plötzlich aussetzenden Verstand, den feuchten Händen und dem Herzrasen. Nun, die Antwort lautet, dass wir damit als ziemlich normal dastehen. Jeden packt mal die Angst, und viele Studien kommen zu ähnlichen Ergebnissen. Laut der offiziellen Statistik leidet im Vereinigten Königreich jeder fünfte Erwachsene unter Angstzuständen. Bei einer Einwohnerzahl von schätzungsweise 64 Millionen sind das fast 13 Millionen Menschen, die irgendwann mit Angstzuständen zu tun haben. Heftig.

Schaut man sich das noch genauer an, dann zeigt sich, dass nach den Zahlen des Amtes für Statistik (Bericht von 2015) fast 20 Prozent der Bevölkerung über 16 Jahre Anzeichen einer Angststörung und Depression zeigen. Die Betroffenen bezeichnen deren Auswirkung auf ihr Leben als »erheblich«. In der Mehrzahl (bis zu zwei Drittel) sind es Frauen. Ganz schön beklemmend.

Was heißt das nun für dich und mich? Zunächst einmal, dass wir einem ziemlich großen Klub der Angstgeplagten angehören. Es ist offenbar ein ziemlich weit verbreitetes Phänomen. Wenn du dich also allein und isoliert damit fühlst, dann lass dir zur Beruhigung sagen, dass die Ängste, die du verspürst, von vielen Leuten um dich herum ganz genauso erlebt werden – auch wenn sie es dir nicht unbedingt auf die Nase binden.

Als ich zum ersten Mal diese lähmenden Angstzustände und Panikattacken hatte, kam ich mir wie der einsamste und verlorenste Mensch der Welt vor. Ich wusste einfach nicht, wie mir geschieht, und ich habe mich absolut nicht getraut, jemandem davon zu erzählen. Ich hatte Angst, dass es heißt, »die spinnt doch total« oder »die hat einen Knall« – leicht dahingesagte Worte, in denen so viel an Kränkung, Abwertung und Stigmatisierung mitschwingt.

Ich weiß noch, dass ich das Gefühl hatte, mein Leben wäre ein Herumtappen im Nebel. Es ist schwer zu beschreiben, und vielleicht hast du deine eigene Beschreibung dafür, aber ich habe mich nicht mehr wie ich selbst gefühlt und hatte keine Ahnung, warum. Es war erschreckend, und in diesen von der Angst beherrschten Monaten habe ich ernsthaft geglaubt, geisteskrank zu sein.

Aber das war ich nicht. Ganz und gar nicht. Und wenn du genau wissen willst, warum ich mich so mies gefühlt habe ... Es war der Stress. Der gute – alte – Stress.

Im Dauerstress

Um die Angst zu verstehen, ist es nützlich, auch über Stress Bescheid zu wissen, da beides eng zusammenhängt. Stress bedeutet Druck beziehungsweise eine Anhäufung von Druck, der sich zu einem solchen Grad aufgebaut hat, dass man körperlich oder psychisch damit nicht mehr klarkommt. Wichtig dabei ist, sich nicht an anderen zu messen, weil wir alle auf unterschiedliche Weise mit den Dingen fertigwerden oder auch nicht fertigwerden, wobei jeder seinen eigenen Umgang mit den Dingen hat. Keine Form ist besser oder schlechter, sondern es kommt darin einfach die persönliche Eigenart zum Ausdruck, die wunderbare Tatsache, dass wir alle verschieden sind.

Es gibt viele Anzeichen und Symptome von Stress, die du vielleicht mehr oder weniger von dir selbst kennst. Dazu gehören unter anderem:

- Kopf- und Nackenschmerzen
- Einschlaf- oder Durchschlafprobleme
- lebhafte Träume oder Albträume
- Gereiztheit
- Verstimmungen
- Darm- oder Verdauungsprobleme
- Appetitlosigkeit oder Verlangen nach Junkfood
- Magenverstimmung
- ständig den Tränen nahe sein
- Gefühl der Überforderung
- Kurzatmigkeit
- Brustschmerzen oder Herzklopfen

Du kannst also sehen, inwiefern Stress der Wegbereiter für die Angst sein kann. Denke dir »Angst und Stress« etwa so wie »Dick und Doof« – beide inspirieren einander und liefern sich gegenseitig die Stichworte. Jeder für sich allein hätte wohl kaum dieselbe Wirkung.

Denk mal einen Moment darüber nach: Gehen deine Angstzustände mit irgendwie geartetem Stress einher?

Um dir ein konkretes Beispiel zu geben: Damals war mir das nicht bewusst, aber bevor mich meine massive Angstattacke aus der Bahn warf, habe ich eine ganze Zeit lang die kleinen Ärgernisse ignoriert und zugelassen, dass sich der Stress anderer Leute auf mich überträgt. Wenn ich sage »zugelassen«, dann meine ich damit, dass das unbewusst ablief. Wir haben es selbst in der Hand, ob wir den Stress auf gesunder Distanz halten, wo er noch kontrollierbar ist, oder ob wir uns von ihm überrollen lassen. Damals kannte ich den Unterscheid noch nicht, und so ließ ich, blauäugig, wie ich war, bewusst oder unbewusst zu, dass jeder kleine Anflug von Stress an mir hängen blieb.

Den Stress bewerten

Zeichne auf einem Tablet, einem Blatt Papier oder auch auf der Küchentafel ein »Spinnendiagramm« (also einen Kreis und von ihm ausgehende Linien, sodass es wie eine Spinne aussieht).

Schreib in die Mitte des Kreises das Wort »Ich«. ☺ Mach dann ein Brainstorming und lass dabei alles hochkommen, was im Moment in deinem Leben los ist, vor allem das, was dir Stress oder Sorgen bereitet. ☺ Schreib dann jedes Thema ans Ende eines »Spinnenbeins«. ☉ Lass deiner Kreativität freien Lauf, und gehe alle Lebensbereiche durch wie Arbeit, dein Zuhause, deine Familie, Finanzen und soziale Kontakte. Notiere alles, was an dir nagt und dein Stresslevel erhöht, ohne etwas auszulassen. Ich nenne das liebevoll »den Kopf entrümpeln«. ☉ Wenn du das Gefühl hast, alles Wesentliche benannt zu haben, lass das Diagramm einfach eine Weile lang auf dich wirken. Mach dir bewusst, dass nun alles aus dem Kopf heraus und notiert ist. Gehe innerlich zu all dem auf gesunde Distanz. ☉ Atme tief ein und lass mit der Ausatmung alle Gefühle von Stress aus dir herausströmen. Spüre nach, wie die angestauten Emotionen, die mit diesem mentalen »Gerümpel« verknüpft sind, um ein oder zwei Grade entschärft sind – was auf dem Papier steht, ist raus aus dem Kopf. ☉ Wenn du so weit bist, wende dich aus dieser emotional etwas distanzierteren Position wieder deinem Diagramm zu. Ordne jetzt jeder Stressursache, die du notiert hast, nach ihrer Wichtigkeit bzw. Auswirkung einen Wert zwischen 1 und 10 zu, wobei 10 für die höchste emotionale Belastung steht. ☉ Stelle nun fest, welche drei Themen die größten Stressverursacher sind, und triff mit dir selbst die Vereinbarung, die restlichen Themen fürs Erste zu »parken« (sie sind trotzdem noch wichtig, aber du kannst später auf sie zurückkommen). ☉ Nimm dir jetzt diese drei vor, überlege dir, wie es dir mit diesen Lebensbereichen geht und was geschehen muss, um den Stresslevel zu senken. Musst du irgendetwas anders machen? Mit einer bestimmten Person reden? Mehr auf dich selbst achten und dir mehr Zeit für dich selbst nehmen? Usw. ☉ Lass diese Art von Gedanken in dir Form annehmen, und erstelle, wenn du dich dafür bereit fühlst, einen »Aktionsplan« mit Dingen, die du vielleicht tun, sagen oder denken könntest, um den Stress- oder Angstpegel in einen konstruktiveren Bereich zu bringen. ☉ Gehe jeden

Punkt in deinem eigenen Tempo durch (schließlich wollen wir mit der Übung keinen neuen Stress schaffen) und schau, was du selbst tun kannst, um etwas zu verändern und Stressursachen abzubauen. ☉ Wenn du über die Ursachen und Auslöser von Stress die Kontrolle zurückgewinnst, kann das enorm hilfreich sein, um zu verstehen, was in solchen Situationen passiert und warum. Dabei geht es letztlich darum, den Stress in deinem Leben so weit wie möglich auszuschalten.

Damals steckte ich in einer schwierigen Beziehung (wer kennt das nicht), und dass wir uns auch beruflich ständig über den Weg liefen, machte die Sache nicht besser. Hinzu kam, dass ich einen attraktiven, aber aufreibenden Job hatte, bei dem ich mit einigen sehr markanten Persönlichkeiten zu tun hatte. Ich war meinen Chefs auf Gedeih und Verderb ausgeliefert – oder nahm das zumindest an. Wenn man also all diese Zutaten in einen Topf wirft und dabei den Druck und die Erwartungen noch ein wenig hochschraubt, dann ist es kein Wunder, wenn meiner armen kleinen Seele die Sicherung durchbrannte! Wenn Stress und Angst sinnvoll kooperieren, sind sie gewiss ein schönes Duo, das wunderbar harmoniert und dich auf Bereiche in deinem Leben aufmerksam macht, um die du dich mehr kümmern musst. Aber sie werden zu einem absoluten Albtraum, wenn sie aus dem Gleichgewicht geraten und du nicht mitkriegst, was sie dabei anrichten.

Zuerst wollen wir also deinen Stresslevel unter die Lupe nehmen und uns ansehen, wie es bei dir damit bestellt ist.

Die Angst als Verbündeter

Ich glaube, wir sind uns inzwischen einig, dass Angst eine Menge Zeit verschlingt und Stress eine große Rolle als Auslöser dabei spielt. Dabei hat die Angst zu Unrecht einen eher schlechten Ruf. Sie ist Teil unseres eingebauten Selbstschutzmechanismus, und ohne sie würden wir vielleicht einfach vor ein Auto laufen, unvorbereitet in ein wichtiges Meeting gehen oder ein kleines Kind in einem stark befahrenen Parkhaus herumtollen lassen. Die Angst hat eine wichtige Aufgabe zu erfüllen, der Haken bei der Sache ist nur, dass sie auch dann Alarm schlägt, wenn wir sie nicht nötig haben, wobei sie uns massiv einschüchtern und völlig aus der Bahn werfen kann.

Ich habe mich gefragt, ob ich den nächsten etwas wissenschaftlich angehauchten Abschnitt mit aufnehmen soll (nichts gegen Wissenschaft, sie ist eine exzellente Sache, aber eben nicht das Anliegen *dieses* Buches). Für mich als Therapeutin, die über diese Dinge viel gelesen und ihre eigenen Erfahrungen damit gemacht hat, wurde aber deutlich, dass die Fight-flight-oder-freeze-Reaktion das fehlende Teil im Puzzle ist, mit dem sich das »Was, Wie und Warum« der Angst besser verstehen lässt, wenn sie denn zuschlägt.

Ich werde es so einfach wie möglich halten und hoffe, dass du so besser verstehst, was in dir dabei passiert und wie dein Körper und Geist auf das äußere Geschehen reagieren. Es heißt, »Wissen ist Macht«, und dem kann ich nur zustimmen. Wenn wir wissen, wie etwas funktioniert, sind wir eher in der Lage, darauf Einfluss zu nehmen und es in den Griff zu bekommen.

Fight, flight, freeze

. . . .

Vielleicht hast du im Zusammenhang mit der Angst schon von der Kampf-oder-Flucht-Reaktion gehört, und es ist sehr hilfreich, mehr darüber zu wissen, selbst wenn du sonst nichts aus diesem Kapitel mitnimmst. Es handelt sich dabei um ein Selbstschutzsystem, das uns allen als Teil unserer genetischen Ausstattung ins Gehirn gepflanzt ist und das aus den Anfängen unserer Evolution stammt – als es für uns *wirklich* ums Überleben ging.

Lass mich das etwas konkreter machen: Heute haben wir einen Supermarkt um die Ecke oder einen Online-Service, der uns einmal in der Woche unseren Einkauf an die Tür liefert. Wir haben Freunde, Verwandte und Kollegen, die einigermaßen zivilisierte Leute sind (meistens jedenfalls). Wenn wir mit jemandem ein Problem oder einen Konflikt haben, besteht die Lösung üblicherweise darin, die Differenzen miteinander im Gespräch zu klären, bei dem es notfalls auch lautstark zugehen kann. Aber ganz gewiss werden wir nicht bei jeder streitlustigen Anwandlung axt- und keulenschwingend durch die Gegend rennen – was in einer zivilisierten Gesellschaft absolut inakzeptabel wäre und uns völlig zu Recht eine saftige Gefängnisstrafe einbrächte.

Aber für einen Höhlenmenschen in grauer Vorzeit lauerte die Gefahr an jeder Ecke. Stell dir vor, du durchstreifst den Wald auf der Jagd nach einem wilden Tier. Du bist absolut konzentriert, während deine Beute in jedem Augenblick aus dem Unterholz hervorbrechen oder ein feindlicher Nachbarstamm sich auf dich stürzen kann.

Wie wird sich ein solcher Höhlenmensch wohl fühlen? Was wird uns seine Körpersprache darüber verraten? Wahrscheinlich wird sein Körper angespannt sein und eine Schutzhaltung einnehmen. Mit weit aufgerissenen Augen hält er nach Anzeichen von Gefahr Ausschau, während sein Herz wie wild schlägt und das Adrenalin, das es dabei durch seinen Körper jagt, seine Konzentration und Wachsamkeit noch zusätzlich steigert. Sein Atem ist schnell und flach, um dem Blut mehr Sauerstoff zuzuführen, und seine Haut von einem dünnen Schweißfilm bedeckt, um seinen Körper zu kühlen. Die Verdauung setzt vorübergehend aus, um das dafür benötigte Blut den Extremitäten, das heißt der Beinmuskulatur, zur Verfügung zu stellen und so eine schnelle Flucht zu ermöglichen. Gleichzeitig setzt der Speichelfluss aus. Kurz, er ist körperlich und mental aufs Äußerste »erregt« (da gibt es nichts zu kichern) und aktionsbereit ... entweder für den »Kampf«, die sofortige »Flucht« oder das »Erstarren«, um möglichst unauffällig zu sein und nicht die Aufmerksamkeit auf sich zu ziehen.

Nachdem er das Tier erlegt hat oder dem unfreundlichen Nachbarstamm entkommen ist, lassen die körperlichen Symptome langsam nach und legen sich schließlich ganz. Was für ein geniales Selbstschutzprogramm!

Nun spulen wir den Film ein paar Tausend Jahre vor, und siehe da: Noch immer läuft in unserem Gehirn dasselbe Programm ab. Auf der einen Seite ist das kolossal, auf der anderen Seite nicht so toll. Warum? Weil dieser archaische Teil unseres Gehirns nicht zwischen *echter* Lebensgefahr und *vermeintlicher* Gefahr unterscheiden kann. Damit nicht genug, kennt er auch nicht den Unterschied zwischen *realer* und *vorgestellter* Lebensgefahr – vielleicht ist dieses Programm am Ende doch nicht so genial?

Auf den Punkt gebracht, hat unser fabelhaftes Selbstschutzsystem seine eigenen Vorstellungen davon, was uns Angst machen sollte und was nicht. Nehmen wir an, du sitzt zu Hause und *denkst* darüber *nach*, wie schrecklich es wäre, in einer Menschenmenge eingeklemmt zu sein, oder wie peinlich es wäre, bei einer Präsentation zu vergessen, was du sagen wolltest. Wenn wir uns eine Situation deutlich genug ausmalen und uns in die Gefühle hineinversetzen, die sie hervorruft, können wir schon damit diesem Teil des Gehirns signalisieren, die Kampf-oder-Flucht-Reaktion auszulösen.

Wenn du *real* in einem überfüllten Zug oder einem vollbesetzten Aufzug steckst oder wenn dein Chef dich wegen irgendwas runtermacht und du das Gefühl hast, nicht entkommen zu können, wird damit dasselbe Signal ausgelöst und bleibt in dir aktiv. Solange du mit diesen furchterregenden Situationen keinen anderen Umgang lernst und deine Gedanken hinterfragst, wird die Angst mit der Zeit schlimmer werden.

Was du selbst tun kannst

Damit erst einmal genug der Theorie, versprochen. Ich finde es immer hilfreich, für das, was passiert, die Gründe zu kennen, denn so weiß ich, was ich dagegen unternehmen kann. Die gute Nachricht ist, dass wir einiges tun können, um unseren Stress- und Angstpegel in Schach zu halten und auf ein gesundes Ausmaß zu senken. In den nächsten Kapiteln werde ich die unterschiedlichen Symptome, in denen sich die Angst äußern kann, im Einzelnen besprechen. Dort findest du nicht nur Tipps und Techniken als »Soforthilfe«, sondern auch Vorschläge für die langfristige Bewältigung stressiger Situationen. Ich selbst arbeite mit diesen Techniken sowohl persönlich als auch beruflich.

Dieses Buch soll dir eine Bewältigungsstrategie vermitteln, die du in dem Augenblick anwenden kannst, wenn dich die Angst packt. Du solltest aber auch darüber nachdenken, mit deinem Hausarzt oder einem Psychologen, einem Counsellor, Life Coach beziehungsweise einer gemeinnützigen Vereinigung wie dem Diakonischen Werk oder der Telefonseelsorge zu sprechen, falls du persönliche Hilfe und Unterstützung nötig hast.

Psychopharmaka – »nehmen oder nicht nehmen, das ist hier die Frage«

Ich werde häufig nach meiner Meinung zur medikamentösen Behandlung von Angststörungen gefragt. Wie im ganzen Buch will ich auch bei diesem Thema vollkommen offen und aufrichtig über meine eigenen Erfahrungen und Gefühle sprechen, und ehrlich gesagt war ich in dieser Frage oft ambivalent. Als ich schließlich krankgeschrieben war und mein Psychiater eine Angststörung diagnostiziert hatte, verschrieb er mir auch zwei Medikamente: Xanax (Alprazolam), ein Benzodiazepin, das zur Behandlung von Angst- und Panikstörungen eingesetzt wird und das meinem geplagten Körper und Geist kurzfristig die Erholung brachte, die ich so dringend brauchte; und Escitalopram, ein Medikament, das häufig zur längerfristigen Einnahme bei Depressionen und Angstzuständen verschrieben wird.

Beide Medikamente wurden in ihrer Wirkung von meinem Psychiater und meinem Hausarzt laufend kontrolliert, was unbedingt erforderlich ist (diese Art von Tabletten sollte *niemals* ohne ärztliche Aufsicht und genauen Therapieplan eingenommen werden). Ich war also in guten Händen, und dank des Xanax konnte ich endlich wieder schlafen und zur Ruhe kommen. Eine Zeit lang hing ich einfach nur ab, schniefte ein Taschentuch nach dem nächsten voll und zog mir auf der Couch meiner Eltern unzählige Wiederholungen von *Friends* rein, um meinen aufgewühlten Geist zu beruhigen. Irgendwann war ich in der Lage, wieder klarer zu denken und in einer Gesprächstherapie den wirklichen Ursachen meiner Angstattacken auf den Grund zu gehen.

Psychopharmaka sind ein weites Feld mit vielen Pro- und Kontra-Argumenten, und wenn das für dich ein Thema ist, möchte ich dir dringend raten, deinen individuellen Bedarf mit einem Arzt abzuklären.

Was mich persönlich betrifft, so bin ich mit der damaligen Vorgehensweise, meiner eigenen und der meiner Ärzte, sehr zufrieden. Zu der Zeit, als ich krankgeschrieben wurde, war ich emotional dermaßen ausgepowert, dass ich für diese medizinische Notbremse sehr dankbar war. Ich konnte wieder schlafen, und der von Stresshormonen überflutete Teil meines Hirns kam zur Ruhe. Als das Xanax nach drei Wochen seinen Dienst getan hatte, wurde es abgesetzt, während zugleich das niedrig dosierte Escitalopram zu wirken begann (es kann vier Wochen oder länger dauern, bis wirklich eine Besserung eintritt, obwohl man das wegen der allmählich einsetzenden Wirkung nicht unbedingt bemerkt). Damit war ich dann in der Lage, alles andere mit meinem Psychiater zu besprechen, um in einen passableren Zustand zu kommen.

Seit einiger Zeit komme ich ohne Medikamente aus, aber ich habe absolut kein Problem damit, sie wieder zu nehmen, falls das notwendig sein sollte. Psychopharmaka gibt es nicht ohne Grund, und es ist wirklich unnötig, dass so viele Menschen sich dafür schämen, sie zu nehmen, oder sich dadurch stigmatisiert fühlen. Mein Rat ist: Solange du tust, was funktioniert und das Beste für dich ist – und zwar in persönlicher Rücksprache mit deinem Arzt anstatt mit Dr. Google –, ist das alles, worauf es ankommt.

Medikamente haben sicher ihre Berechtigung. Aber meiner Meinung nach ist eine Kombination von medikamentöser Behandlung und Gesprächstherapie oft die beste Lösung. Aus meiner Sicht sollte die Einnahme von Psychopharmaka in jedem Fall durch Counselling, NLP (Neurolinguistisches Programmieren, KVT (Kognitive Verhaltenstherapie) oder EFT (Emotional Freedom Technique) ergänzt werden – oder auch durch irgendeine andere Therapieform, von der du glaubst, dass sie dir am besten hilft. Wenn du dir unsicher bist, solltest du mit deinem Hausarzt darüber sprechen.

Ich möchte dieses Kapitel mit einer Übung beenden, in der es um dein Grundgefühl geht und darum, wie du dich für die weitere Arbeit mit diesem Buch in eine positive und konstruktive Aufbruchsstimmung versetzen kannst.

Dein positiveres Ich

Denke darüber nach, wie du dich fühlen *möchtest* – also nicht unbedingt, wie du dich gerade jetzt fühlst. Wenn du dich schon gut fühlst, ist das natürlich super, aber ich möchte, dass es dir noch besser geht. ☺ Nimm innerlich Abstand von allen miesen Gefühlen und Situationen der letzten Zeit, die dich vielleicht noch immer emotional und gedanklich belasten, und stell dir vor, wie du dich von jetzt an fühlen willst. ☺ Ersetze alle negativen Wörter oder Sätze durch positivere Formulierungen, z. B. »Ich will mich nicht mehr so schrecklich fühlen« durch »Ich fühle mich vollkommen wohl und entspannt«. ☺ Male dir deine Vision noch weiter aus, um sie so verlockend wie möglich zu gestalten. Sieh dich selbst, wie du mit einem Lächeln auf den Lippen in der Sonne sitzt, und achte darauf, dass dein innerer Dialog und die Worte, die du benutzt, positiv ausgerichtet sind. ☺ Lass diese angenehmen Gefühle und Gedanken einfach »sein«, atme tief ein, richte dich auf und begrüße dein positiveres Ich.

Dr. Reetta Newell sagt ...

Wenn Anna ihre Angststörung anfänglich nicht als solche erkannt hat, so ist das nichts Ungewöhnliches. Die meisten Menschen denken, dass etwas mit ihnen »nicht stimmt«. Manche machen sich dabei vor allem wegen der körperlichen Symptome Sorgen, andere glauben, dass sie nicht ganz richtig im Kopf sind. Wie Anna fühlen sich viele mit ihrem Problem alleingelassen. Häufig glauben Menschen, dass sie keine Angst haben dürften und dass Ängste etwas seien, das es um jeden Preis zu vermeiden gilt. Hinter dieser Vorstellung verbirgt sich die Sorge, dass die Angst Schaden zufügen oder einen in den Wahnsinn treiben könnte. Aber wie Anna betont, hat die Angst eine wichtige Überlebensfunktion, ist also keineswegs ein Zeichen von Verrücktheit oder Schwäche und richtet keinen Schaden an, solange sie im Rahmen bleibt.

Mir gefällt Annas Übung »Den Stress bewerten«, da sie einen guten Einblick in die aktuellen Auslöser der Angstgefühle ermöglicht. Auch in meiner Arbeit als klinische Psychologin helfe ich meinen Klientinnen und Klienten dabei, ihre Ängste zu verstehen, indem wir eine »Bestandsaufnahme« machen. Dabei erkunden wir die verschiedenen Faktoren, die bei ihrer Problematik eine Rolle spielen, wie belastende Erfahrungen, veränderte Lebensumstände oder Verluste, sei es in jüngerer Zeit oder in der Kindheit. Manche Menschen neigen von jeher dazu, sich über alles Sorgen zu machen (entweder aufgrund ihrer Erbanlagen oder der Art ihrer Erziehung). Andere entwickeln Ängste im Anschluss an ein aufwühlendes Ereignis. Dabei schaue ich mir auch an, was die Ängste am Leben hält. Dabei handelt es sich häufig um Vermeidungsverhalten, die mangelnde Bereitschaft, die gesuchte Unterstützung auch anzunehmen, oder »Scheuklappendenken«. Auch die gut gemeinten Versuche von Angehörigen, bei der Vermeidung der Angstauslöser behilflich zu sein, gehören hierher. Neben der Beleuchtung der Problematik ist es aber ebenso wichtig, den Klienten ihre persönlichen Stärken vor Augen zu führen, damit sie diese zur Problemlösung einsetzen können. Eine individuelle »Bestandsaufnahme«, also das Grundverständnis der eigenen Ängste, bietet eine gute Voraussetzung zur Bewältigung. Genau das hat Anna geschafft, wie du bei der weiteren Lektüre des Buches feststellen wirst.

Der Weg zur Überwindung von Ängsten sieht für mich so aus: Erkenne, worin die Angst besteht, lerne zu entspannen, hinterfrage deine Gedanken und stelle dich deinen Ängsten. Das ist der Ansatz der Kognitiven Verhaltenstherapie, einer Therapieform, die bei Angststörungen verbreitet Anwendung findet. Im Verlauf des Buches werde ich auf diese Punkte immer wieder zurückkommen und sie weiter ausführen.

Top-Tipps zur Überwindung der Angst

1. *Lerne, die Angst zu verstehen und in ihr etwas Normales zu sehen.* Sie ist etwas, das alle hin und wieder erfahren. Genauso gut könnten wir also in ein anderes »Verhältnis« zu ihr treten und sie als Teil des menschlichen Lebens betrachten. Angst besteht aus drei Komponenten: Gedanken, Körperempfindungen und Verhaltensweisen. Wenn du weißt, wie Angst für *dich* aussieht, hilft es dir, sie zu bewältigen.
2. *Erlerne Techniken, um dich zu entspannen.* Wie Anna es auch mit ihren Klienten tut, gebe ich meinen Klienten eine Einführung in die tiefe Bauchatmung und Muskelentspannung. Es gibt aber zahllose andere Entspannungstechniken, mit denen du experimentieren kannst, um herauszu-

finden, was bei dir funktioniert. Auch Malbücher für Erwachsene sind als Mittel, um zur Ruhe zu kommen, sehr beliebt. Andere Möglichkeiten sind Yoga, Schwimmen oder Musikhören. Finde heraus, mit welcher Entspannungsmethode du persönlich am besten zurechtkommst.

3. *Hinterfrage deine Gedanken – auch »thought challenging« genannt.* Glaube nicht jedem Gedanken, der dir durch den Kopf schießt. Die Angst lässt uns die Welt als einen furchterregenden Ort erscheinen. Es ist daher wichtig, eine Balance zwischen angstgeleitetem und realistischem Denken zu finden. Es gibt eine Reihe typischer »Gedankenfallen«, in die uns die Angst treibt. Es ist also sinnvoll, dich immer wieder selbst daran zu erinnern, dass du andere, hilfreichere Vorstellungen entwickeln und ausprobieren kannst.

4. *Stell dich deinen Ängsten und arbeite dich schrittweise an dein Ziel heran.* Erstelle dir dazu eine Liste mit Dingen, die du vermeidest, und ordne diese dann nach ihrem Schwierigkeitsgrad. Man nennt das »Exposition«, und ihr Zweck besteht darin, es so lange in einer Situation auszuhalten, bis sich die Angst legt. Das ist kein Kinderspiel und verlangt von dir ganzen Einsatz, aber es funktioniert.

Wie Anna sagt, ist es wichtig, dass du bei jeder Selbsthilfe-Technik in deinem eigenen Tempo vorgehst. Du kannst den Prozess nicht beschleunigen. Bevor du versuchst, deine Situation zu verbessern, musst du sie erst einmal akzeptieren. Und manchmal muss der erste Schritt darin bestehen, zwischen beidem ein Gleichgewicht herzustellen: die Situation zu akzeptieren (was nicht heißt, dass sie dir gefallen muss), und Veränderungen in deinem Leben anzustreben. Sobald dir diese Balance gelingt, kannst du damit anfangen, Lösungswege zu gehen und dich zugleich so wertzuschätzen, wie du bist.

2.

PANIKATTACKEN – DAS »ICH-DREH-DURCH«- GEFÜHL

Auch wenn du dich bei einer Panikattacke vielleicht so fühlst, als würdest du sterben oder verrückt werden, ist es beruhigend zu wissen, dass nichts dergleichen geschieht. Eine Panikattacke wird dich nicht umbringen, auch wenn sie sich verdammt bedrohlich anfühlt. Sie kann bis zu 20 Minuten andauern, sich aber nur ein paar Minuten auf ihrem Höhepunkt halten. Dafür kann sie ausgelöst werden, wenn du es am wenigsten erwartest (die Panikattacken, die dich unvorbereitet erwischen, sind die übelsten).

Annas Notfallbox

ATME Reguliere deine Atmung. Atme sieben Sekunden lang (durch die Nase) ein, pausiere, und atme dann elf Sekunden lang aus. Das ist die schnellste Methode, um die Panikgefühle zu lindern.

NIMM DICH HERAUS Suche dir einen »sicheren« Ort wie ein Toilettenabteil, dein Auto, eine ruhige Ecke und lass alle Panikgefühle zu – kämpfe nicht dagegen an (sie gehen dann schneller vorüber).

SPRICH MIT EINER VERTRAUENSPERSON Vertraue dich einem Menschen an, mit dem du dich wohlfühlst, und sag ihm, was du jetzt brauchst (und was du nicht brauchst).

Wie du die Panik in den Griff bekommst

In diesem Kapitel wollen wir also den Panikattacken auf den Grund gehen. Was löst das Wort »Panikattacke« in dir aus? Für mich ist es fast so schlimm wie die Sache selbst, und es führt dazu, dass meine Angst und Panik noch schlimmer werden. Ich frage mich, ob die Person, die diesen Begriff erfunden hat, jemals selbst eine Panikattacke hatte ... Ich glaube eher nicht, weil es ein so aggressiver und negativer Begriff ist. Andererseits kann sich eine Panikattacke genau so anfühlen ... als ob man von der Panik »attackiert« würde. (Ich denke trotzdem immer noch nicht, dass das Wort glücklich gewählt ist.)

Daher möchte ich gerne, dass wir als Erstes diese Bezeichnung ändern. Worte können enorme Macht haben, und was wir mit ihnen verbinden, kann entscheidend dafür sein, welche Gefühle sie in uns auslösen, ob uns das bewusst ist oder nicht. Aus diesem Grund möchte ich dich in die Lage versetzen, der »Panikattacke« ihren Schrecken und ihre Macht zu nehmen, indem wir bei etwas Grundlegendem ansetzen: dem Wort.

Was ist ein Name?, fragt Julia in Shakespeares *Romeo und Julia*. Nach Hunderten von Jahren können wir aus dem Mund der unglücklich Liebenden vernehmen, dass ein Name bzw. eine Bezeichnung »eine künstliche und bedeutungslose Konvention« ist. Und was das im klinischen Kontext benutzte Vokabular angeht, kann ich dem nur voll und ganz zustimmen. »Panikattacke«, »posttraumatische Belastungsstörung«, »selbstverletzendes Verhalten« – all das klingt allein schon durch die Benennung reichlich bedrohlich, ganz abgesehen von der Sache selbst oder wie es sich anfühlen kann, daran zu leiden.

Als man bei mir eine »Panikstörung« und eine »generalisierte Angststörung« diagnostizierte, war das für mich geradezu ein Schock, und die professionellen Bezeichnungen klangen für mich alles andere als undramatisch. Was ich als Erstes tat, war: sie zu ändern.

Eine eigene Bezeichnung finden

Mache ein Brainstorming, entweder im Kopf oder auf einem Blatt Papier: Was bedeutet das Wort »Panikattacke« für dich? Lass dir dazu so viele Begriffe wie möglich einfallen. Wie fühlt es sich an? Wie sieht es aus? Ist damit ein Geräusch oder Klang verbunden? Eine körperliche Empfindung? Hat es vielleicht einen Geruch oder Geschmack? ☉ Benenne als Nächstes – wieder im Kopf oder auf einem zweiten Blatt Papier – noch einmal, was für dich »Panikattacke« bedeutet, aber diesmal mit positiveren, emotional weniger belasteten Bezeichnungen. Eine andere Umschreibung für »Panik« wäre z.B. »Aufregung« oder »Adrenalin«, ein anderes Wort für »Attacke« z.B. »Erfahrung« oder »Moment«. ☉ Nachdem du »nettere« Bezeichnungen gefunden hast, kannst du ein wenig mit den Wörtern spielen, um deine eigene, persönliche Bezeichnung für »Panikattacke« zu kreieren. ☉ Achte darauf, wie es sich anfühlt, die Sache auf neue Weise zu betrachten. Nimmt ihr das etwas von der Macht und dem Schrecken, den sie womöglich zuvor für dich hatte? ☉ Experimentiere so lange mit den neuen Wörtern, bis du auf eine Benennung kommst, die sich für dich richtig anfühlt. ☉ Ersetze von nun an, wann immer du das Wort »Panikattacke« hörst oder liest, diese Bezeichnung durch deine angenehmere neue. Und schon hast du dir die Macht zurückgeholt.

Nachdem wir nun also die Panikattacke (*füge dein neues Wort dafür ein*) verbal entmachtet haben und uns in der Sache hoffentlich einig sind, würde ich, wenn du erlaubst, gerne zu der alten Bezeichnung zurückkehren, damit klar ist, worauf ich mich beziehe.

Ich wollte nicht das »sein«, was man bei mir diagnostiziert hatte. Auf keinen Fall wollte ich mich ein Leben lang hinter einer Vokabel verstecken oder hinnehmen, dass man sie als Rechtfertigung dafür benutzte, mich in eine Schublade zu stecken und zu bemitleiden. Gott bewahre! Wenn du einer Sache auf diese Weise die Macht nimmst, kann sie damit viel von ihrem Einfluss auf dich verlieren.

Für mich selbst benannte ich »Panik« in »*Energie*« um und »Attacke« in »*Überlastung*«. Um wie viel weniger furchterregend ist es, eine Panikattacke als »Energieüberlastung« zu bezeichnen, es klingt fast schon positiv, oder? Die Hauptsache aber war, dass die Umbenennung bei mir funktionierte, und bei dir tut sie das hoffentlich auch. Versuch's einfach mal.

Meine Geschichte

· · · · · · · · · · · · · · · · · ·

Panikattacken waren das, womit meine Odyssee mit der Angst losging. Sie waren mein spezielles Angstsymptom, mit dem ich reagierte, wenn ich am meisten unter Stress stand. Angst kann sich in vielen Formen zeigen, aber in meinem Fall war die erste Begegnung mit diesem höchst unlustigen Zustand eine massive Angstattacke bei der Arbeit. Es ist so, als würde man durchdrehen, besser kann ich diese Erfahrung nicht beschreiben, denn genau so kann es sich anfühlen. Du bist einfach komplett durchgeknallt und völlig durch den Wind. Diese erste Panikattacke, die mich aus heiterem Himmel überfiel und meinen ganzen Körper erschütterte, ohne dass ich die geringste Chance hatte, mich dagegen zu wehren, oder begriff, was mit mir passierte, war wie der Startschuss für weitere Attacken, die einsetzten, wann immer es ihnen beliebte. Es war, als wäre ein wildes Tier in mir losgelassen, das mich jederzeit anfallen konnte, um mich komplett lahmzulegen. Aus der Angst wurde die Angst vor der Angst ... und damit nahmen die Schwierigkeiten kein Ende.

Wann also ging das Ganze los? Ich moderierte damals eine bekannte Kindersendung namens *Toonattik*, und ich liebte diesen Job. Ich mochte das Team, die Arbeit, die Sendung, die Zuschauer ... es war wirklich der beste Job der Welt. Warum fühlte ich mich dann so furchtbar, dass ich schließlich bei der Arbeit einen totalen Zusammenbruch erlitt? Emotionaler Stress spielte dabei eine große Rolle, wie ich im ersten Kapitel ja schon angedeutet habe. Das Wesentliche aber war, dass ich die körperlichen und seelischen Anzeichen nicht erkannte, all das, was in den Wochen vor dem Tag meiner »Panikattacke« an mir genagt hatte.

Angefangen hatte es etwa sechs Monate zuvor. Ich schlief miserabel und wachte jeden Morgen mit einem Gefühl von ängstlicher Unruhe und Beklommenheit auf. Von den einfachsten Entscheidungen fühlte ich mich überfordert (schon die Frage, welche Sprudelmarke ich im Supermarkt kaufen sollte, reichte aus, um mich nervlich an meine Grenzen zu bringen). Bei allem, was ich tat, fühlte ich mich wie umnebelt. Wegen jeder Kleinigkeit machte ich mir Gedanken, und ich hatte begonnen, ein zwanghaftes Verhalten in Bezug auf Routineabläufe und Zeitpläne an den Tag zu legen, auch wenn mir das damals nicht bewusst war.

Als Moderatorin machst du häufig Überstunden, und am Set gibt es ständig Änderungen in letzter Minute. Außerdem hast du es mit einer Menge sehr von sich eingenommener Leute zu tun – was wahrscheinlich die perfekte Kombination darstellt, um eine handfeste Panikattacke heraufzubeschwören. Ich hatte noch nie ein Problem damit, meinen Text zu lernen oder bei einem Spielablauf kreativ vorauszudenken, im Gegenteil: Ich habe mir immer etwas auf meine Flexibilität eingebildet. Trotzdem war ich innerlich immer angespannter und schob Panik, ob mein Text rechtzeitig fertig würde. Ich kehrte da nicht etwa die Diva heraus (ganz und gar nicht). Aber meine Produzenten, die keine Ahnung davon hatten, in welcher Verfassung ich mich befand, mussten ihren Job machen und hatten natürlich jedes Recht, sich bei der Ausarbeitung meines Textes so viel Zeit zu lassen, wie sie brauchten. Woche für Woche wurde diese innere Unruhe schlimmer, und wenn gewisse Dinge nicht zu einer bestimmten Zeit passierten (etwa dass ich meinen Text rechtzeitig bekam, um ihn zu lernen, oder das Taxi pünktlich vor dem Studio stand, damit ich früh genug zu Hause war, um ausreichend Schlaf zu bekommen), dann rastete ich innerlich komplett aus. Daran war keiner schuld, es war einfach die Art, wie mein Körper mir signalisierte, dass etwas in mir kurz davor war, zu zerspringen. Es war, als würde man ein mechanisches Spielzeug bis zum Gehtnichtmehr aufziehen, sodass es gar nicht mehr anders kann, als wie verrückt loszurasseln. Allmählich wurde meine Wahrnehmung immer verzerrter und mein Denken immer zwanghafter und irrationaler. Ich stellte immer mehr Bedingungen und immer höhere Anforderungen an mich selbst.

Wohl jeder kennt solche einschränkenden und hinderlichen Gedanken wie *»wenn ich nicht um zehn schlafe, habe ich nicht die Kraft, den nächsten Tag durchzustehen«*. Bei mir kam es schließlich so weit, dass ich *jedes* Tun mit solchen Gedanken belegte, und man kann sich vorstellen, unter welchen Druck ich mich damit setzte. Und was passiert, wenn man derart hohe Anforderungen an sich selbst stellt? Das Resultat ist absolut kontraproduktiv, weil man damit dem Unterbewusstsein signalisiert, genau das herbeizuführen, wovor man sich fürchtet. Das Unterbewusstsein kann offenbar Bedingungssätze nicht verstehen, sodass es in meinem Fall nur hörte: »*Ich schlafe nicht, ich habe nicht die Kraft, den nächsten Tag durchzustehen.*« Wenn ich heute auf diese Zeit zurückblicke, denke ich »O NEIN, ANNA«, aber damals wusste ich nicht, was ich heute weiß, also lernte ich es auf die harte Tour – etwas, was ich dir gerne ersparen möchte.

Diese wöchentlichen und schließlich täglichen inneren Ausraster mündeten eines Tages in eine mentale »Explosion«, die mich einfach nur zu Tode erschreckte. Vorher hatte ich nie etwas von Panikattacken gehört und schon gar nicht gewusst, wie sich das anfühlt, worin sie bestehen und wie man sie stoppen kann. Ich kann mich nicht entsinnen, dem Thema jemals in einer öffentlichen Diskussion oder im Gespräch begegnet zu sein. Ich fühlte mich wie der letzte Freak und dachte, dass mit mir *ernsthaft* etwas nicht stimmt.

Der Tag, an dem die Panik zuschlug

Es fällt mir nicht leicht, darüber zu schreiben, weil es so viele gemischte Gefühle in mir hochholt, und wenn ich mich jetzt daran erinnere, kann ich wieder diesen allzu bekannten Anflug von Panik in der Brust aufsteigen spüren … Aber ich muss mir sagen, dass ich in Sicherheit bin und es wichtig ist, hier darüber zu berichten. Schließlich habe ich versprochen, vollkommen ehrlich mit dir zu sein – nur so kannst du nachvollziehen, was sich damals in mir abgespielt hat.

Ich stand in einem der belebten Gänge des Studio 5 von ITV, ein Ort, an dem ich sehr gerne war (und zum Glück noch heute bin). Wir teilten uns damals das Studio mit dem Frühstücksfernsehen (*GMTV* und *Lorraine,* heute wird dort die ITV-Sendung

Good Morning Britain produziert). Wir warteten bis zum Ende der Livesendung, und dann »zogen wir ein«, das heißt, wir stürmten mit unserem Team und dem gesamten Set wie eine Horde wirbelnder Derwische in das Studio, um alles komplett umzubauen, sodass wir eine Stunde später so weit waren, *Toonattik* aufzuzeichnen. Die aufregenden Studiotage waren mir immer die liebsten, aber wegen dieser schrecklichen und unerklärlichen Angstzustände hatte ich begonnen, den ganzen Druck und Trubel zu fürchten.

An diesem speziellen Tag, es war im Jahr 2016, hatte ich mich noch nie so krank gefühlt, so komplett neben der Spur und außer mir vor Angst. Ich hatte seit Tagen nicht geschlafen, sondern Nacht für Nacht mit den schrecklichsten Gedanken und Ängsten wach gelegen. Die Nacht davor hatte ich sogar bei meinen Eltern verbracht, da ich mich inzwischen außerstande sah, allein in meiner geliebten Londoner Wohnung zurechtzukommen. Ich lag die ganze Nacht zusammengerollt neben meiner Mutter im Bett, während sie versuchte, mich zu trösten. Eine versierte Moderatorin einer TV-Sendung mit Top-Einschaltquoten, die wie ein kleines Kind zu »Mami« ins Bett kriecht: Man kann sich denken, wie elend und armselig ich mich damit fühlte – es war einfach unerträglich.

Ich erinnere mich noch, wie ich im Gang neben dem Aufenthaltsraum stand. Lorraine Kelly war mit ihrer Show gerade auf Sendung gegangen, was für mich das Signal war, dass ich mit dem Make-up an der Reihe war. Ich nahm das hektische Treiben um mich herum wahr – Assistenten, die Tee kochten, Requisitenhelfer, die schwere Kulissen schleppten, die GMTV-Moderatoren, die ihre Mikrofone abnahmen und nach einer gut gelaufenen Morgensendung erleichtert aufatmeten. Es gab einen lieben Menschen, dessen Namen ich nicht nennen möchte, um ihn nicht in Verlegenheit zu bringen. Aus irgendeinem Grund glaubte sie, mich fragen zu müssen, wie es mir geht, da ich offenbar alles andere als »gut« aussah. Es war dieser eine schlichte Akt der Anteilnahme, mit dem es kein Halten mehr gab und sich in mir alle Schleusen öffneten. Dankbar und von Traurigkeit überwältigt, brach ich in Tränen aus, und das so schwer auszusprechende Wort kam über meine Lippen: »*Hilfe*«.

Der Fairness halber muss ich sagen, dass sich von da an alle großartig verhielten. Ich hatte mir endlich selbst eingestanden, dass ich Hilfe brauchte, und – was das Wesentliche ist – auch darum gebeten. Jamie, mein Co-Moderator, war einfach brillant, und ich werde ihm immer dankbar sein für seine freundschaftliche Unterstützung. Er kümmerte sich in der Situation um alles Weitere, sprach mit den Regisseuren und Produzenten, die dann dafür sorgten, dass ich heimgehen konnte, um mich auszuruhen, und jede Hilfe bekommen konnte, die ich benötigte.

Wenn ein Teil eines eingespielten (und für das Sendungsformat wichtigen) Moderatorenteams ausfällt und damit die Produktion im Stich lässt, ist darüber niemand erfreut, aber die Leute in meinem Team waren einfach nur klasse. Sie akzeptierten die Situation, wie sie war, waren nett zu mir und unterstützten mich voll und ganz in meiner Entscheidung (obwohl sie wahrscheinlich reichlich spät kam, da sich die Entwicklung schon seit Monaten abgezeichnet hatte). *Toonattik* ist für mich noch immer ein unübertroffener Lieblingsabschnitt in meiner Karriere, und die Mitglieder des wunderbaren Teams werden für immer meine Freunde bleiben.

Zum Glück erhielt ich nach diesem Zusammenbruch bei der Arbeit die Hilfe, die ich so dringend brauchte, von der ich aber bis zu diesem Zeitpunkt nicht einmal wusste, dass es sie gab. Ich wünschte wirklich, jemand hätte mir damals dieses Buch in die Hand drücken können, denn es hätte mir dabei geholfen, zu erkennen, dass ich a) nicht allein und b) normal bin.

Nun aber erst noch mal ein bisschen Fachsimpelei ... was genau IST eine Panikattacke, und warum hatte ich eine?

Ein wenig Theorie

Am liebsten stelle ich mir (inzwischen) eine Panikattacke als guten Freund vor. Du denkst jetzt bestimmt, dass ich einen Knall habe, aber im Ernst: Wie ich es schon im Zusammenhang mit den Auswirkungen von Stress beschrieben habe, ist eine Panikattacke tatsächlich der natürliche Schutzmechanismus deines Körpers, um dich vor einer Gefahr zu beschützen.

Um das zu vertiefen und die Beziehung zwischen Stress, Angst und Panikattacken klarer zu machen, will ich kurz rekapitulieren.

Vor langer Zeit, als die Höhlenmenschen, von denen vorher die Rede war, das Land durchstreiften, war das Leben gelinde gesagt primitiv, und Raubtiere lauerten an jeder Ecke. Die Jagd war das Hauptgewerbe jener Zeit, und auf Schritt und Tritt drohte Gefahr – ich möchte nicht wissen, wie ich mich Auge in Auge mit einem Säbelzahntiger gefühlt hätte! Im Körper lief auf diesen Bedrohungszustand hin eine typische Schutzreaktion ab, um das Überleben zu sichern, und sie musste prompt einsetzen, weil du sonst Tigerfutter geworden wärst. Wie gesagt, das ist die allbekannte Kampf-oder-Flucht- bzw. Erstarrungsreaktion – entweder hast du dich der Gefahr gestellt, bist abgetaucht oder hast dich schnellstens aus dem Staub gemacht.

Du erinnerst dich noch an die Symptome, die unser Höhlenmensch zeigte, als er in einer Welt voller Gefahren auf Beutezug war? Die Muskeln sind angespannt und aktionsbereit, Blutdruck und Puls sind erhöht, um die Muskeln der Arme und Beine bei erhöhtem Bedarf mit zusätzlichem Blut zu versorgen. Der Atem ist schnell und flach, damit der Sauerstoff rascher ins Blut gelangt, was zu einem Gefühl von Benommenheit oder Schwindel und vielleicht auch zu einer schmerzhaften Beklemmung in der Brust führt. Der Mund wird trocken, und vielleicht stellt sich auch Harndrang ein (oder eine noch schlimmere Unpässlichkeit). Die Verdauungsprozesse setzen aus, um der »aktionsbereiten« Muskulatur so viel Blut wie möglich zuzuführen. Als Folge davon hat der Höhlenmensch vielleicht ein flaues Gefühl im Magen und schwitzt, weil sein Körper auf diese Weise seine Temperatur senkt. Was da passiert, ist im Wesentlichen das Ergebnis einer Überflutung des Körpers mit Adrenalin, gemeinhin bekannt als »Stresshormon«, und wahrscheinlich macht das Ganze jetzt langsam mehr Sinn …?

Kommt dir dieser Zustand irgendwie bekannt vor? Nun, genau wie die im ersten Kapitel beschriebenen Angst- und Stressreaktionen macht genau *das* eine Panikattacke aus, und genau so kann sie sich anfühlen. Aus diesem Grund sind Angststörungen so untrennbar mit Panikattacken, Stress und all den anderen Themen dieses Buches verknüpft, und mir ist es wichtig, nicht nur einmal, sondern zweimal auf diesen Zusammenhang hinzuweisen. Nur so lässt sich der Schlamassel begreifen, in den man geraten kann, und etwas gegen die Auslöser tun.

Zum Glück lauern uns heute nicht mehr überall gewaltige Raubtiere oder speerschleudernde Feinde auf. Aber auch wenn die menschliche Spezies es noch so weit gebracht hat, ist dieses in grauer Vorzeit entwickelte Überlebensprogramm doch noch immer in uns abgespeichert. Einerseits eine super Sache, andererseits äußerst nervig und unzweckmäßig, wenn sich das in Form einer Mega-Panikattacke vor dem Käseregal im Supermarkt abspielt (das ist einer meiner Klientinnen passiert …).

Wenn wir etwas begreifen, sind wir in der Lage, etwas daran zu tun und es in den Griff zu bekommen. Und du meisterst das auch.

Übungsalarm

Die Panikattacke in den Griff bekommen

◯ Okay, nehmen wir an, du wirst von einem Mix aus diesen wohlbekannten Symptomen heimgesucht:

- flache Atmung
- Übelkeit
- Schwindel
- stechende Schmerzen in der Brust oder Beklemmungen in der Herzgegend
- ein kalter Angstschauer, der dir über den ganzen Körper läuft
- Gesichtsröte/-hitze
- verschwitzte Hände
- Harn- oder Stuhldrang
- Fluchtimpuls
- Gefühl, »umnebelt«/»in Watte gepackt« zu sein
- wie gelähmt sein vor Angst
- den Tränen nahe sein
- das Gefühl, einen Herzanfall zu bekommen oder zu sterben

Als Erstes gilt: Kämpfe nicht gegen die Gefühle an. Wehre dich nicht – eine Panikattacke legt sich am schnellsten wieder, wenn du sie sich austoben lässt. Du weißt ja, was das für Gefühle sind, die dich da in der Mangel haben: Es ist der Überlebensmodus deines Stressreaktionssystems, das dir signalisiert, dass es sich im »Alarmzustand« befindet. ◯ Zieh dich, falls möglich, an einen sicheren Ort zurück, an dem du für eine Weile einfach für dich »sein« kannst – z. B. aufs Klo, in einen Flur oder eine ruhige Ecke – und wo du deiner Panikattacke auf den Zahn fühlen kannst: »Na gut – dann zeig mal, was du draufhast!« ☉ Lass die Gefühlswelle in dir aufsteigen, spüre, wie sie dich ganz erfasst (sie kann sich nicht lange auf dem Höhepunkt halten) und dann wieder verebbt und deinen Körper verlässt, der nun langsam wieder zur Ruhe kommt. ☉ Bleibe in der Gegenwart. Nimm wahr, wo du dich befindest: deine Umgebung, die harte Oberfläche des Stuhles oder des Bodens. Achte auf die Geräusche: den Straßenverkehr vor dem Gebäude, die Klospülung nebenan, Menschen, die sich unterhalten, und sage dir selbst, dass du in Sicherheit bist. Nimm wahr, was wirklich passiert, nicht das, von dem du glaubst, dass es passieren »könnte«. ☉ Lass uns auch deine Atmung auf die Reihe bekommen. Setz dich hin, wenn du die Möglichkeit dazu hast, oder stehe aufrecht, dabei aber möglichst entspannt. Lass die Schultern locker herunterfallen, falls du sie hochgezogen hast, schüttele Arme, Hände und Finger aus, um alle Anspannung zu lösen, und neige den Kopf ein paarmal sanft von einer Seite zur anderen, um den Nacken zu entspannen. ☉ Schließe nun die Augen und konzentriere dich auf deinen Atem. Darauf, wie er sich anfühlt und anhört. Atme sieben Sekunden lang durch die Nase ein, pausiere eine Sekunde lang und atme dann elf Sekunden lang durch den Mund aus. Wiederhole diese Übung fünfmal (sie befördert mehr Sauerstoff ins Blut und verlangsamt den Herzschlag). ☉ Vielleicht hältst du anfänglich nur ein paar Sekunden durch, das ist vollkommen okay. Achte bei jedem Durchgang darauf, wie weit du mit deinen Atemzügen kommst und was du an deiner Technik verändern kannst, um die volle Länge zu erreichen. ☉ Beglückwünsche dich, wenn du merkst, dass die Panikgefühle nachlassen, und sag dir selbst, dass mit dir alles in bester Ordnung ist. Vielleicht fühlst du dich noch rammdösig und außerstande, nachzudenken und dich zu konzentrieren, aber mach dir keine Sorgen, auch das wird vorbeigehen. ☉ Es kann auch nicht schaden, jemanden zu haben, den du im Notfall anrufen kannst, jemand, dem du vertraust und der dich durch eine Panikattacke mündlich oder per SMS begleiten kann, bis sich die Panikgefühle wieder legen. Vielleicht kannst du diese Person ja auch dazu »anlernen«, dich durch die Atemübung zu führen und sie mit dir zusammen zu machen. ☺ **Schnapp dir ein Glas Wasser, feuchte dir die ausgetrocknete Kehle an, und wenn du willst, kannst du jemandem aus der Familie, deinem Freundes- oder Kollegenkreis von der überstandenen Attacke erzählen, um dir den wohlverdienten Zuspruch abzuholen.** ☺ Und zuletzt: Lass dich selbst mal so richtig hochleben! Gut gemacht, du hast dich nicht unterkriegen lassen und es deiner Panikattacke so richtig gezeigt.

Noch ein paar Fakten und Zahlen

In Bezug auf Panikattacken kursieren viele widersprüchlicher Fakten, Zahlen und Statistiken. Generell geht man aber davon aus, dass jeder Vierte im Lauf des Lebens mit psychischen Problemen zu tun hat, und damit ist die Chance, Panikattacken zu bekommen, ziemlich hoch. Einige Fachleute sagen, dass jeder irgendwann diese Erfahrung macht, aus anderen Berichten geht hervor, dass sie jeden Zehnten trifft.

Wie dem auch sei, jeder kann jederzeit aus dem einen oder anderen Grund eine Panikattacke bekommen. Und es muss nicht einmal einen Grund dafür geben. Die Angst ist nicht wählerisch: Jeder kann betroffen sein, unabhängig von der Hautfarbe, Religion oder individuellem Hintergrund. Psychische Störungen mit all ihren Facetten sind ganz und gar »normal«.

Wollen wir die Stigmatisierung und Tabuisierung angehen, mit der Angststörungen und psychische Störungen behaftet sind, müssen wir anfangen, darüber auf eine weniger verkrampfte und für *jeden* verständliche Weise zu sprechen. Es gibt nichts, wofür man sich schämen muss, und wie wir festgestellt haben, sind wir alle von Geburt an mit demselben Alarmsystem ausgestattet und damit auf Panikattacken »programmiert«.

Du selbst kannst aber eine Menge tun, um sie zu verhindern, indem du erkennst, was dabei in dir vorgeht und in welchen Lebensbereichen dir ein wenig mehr Gelassenheit guttäte, indem du generell den Stress in deinem Leben abbaust (siehe Kapitel 8) und dich neu organisierst und/oder orientierst. Wenn du erst einmal verstanden hast, durch welche Stressfaktoren eine Panikattacke ausgelöst wird, bist du auch in der Lage, diese Auslöser ein für allemal aus dem Weg zu räumen. So bist du auf dem besten Weg, den Panikattacken endlich zu zeigen, wo's langgeht.

Übungsalarm

Eine Auszeit nehmen

Idealerweise machst du diese Übung an einem ruhigen, behaglichen Ort, du kannst sie aber auch mitten in einem betriebsamen Büroraum durchführen (wie ich selbst es schon oft gemacht habe). Du musst nur deinem Geist erlauben, für ein paar Minuten zur Ruhe zu kommen, und die Geräuschkulisse einfach »sein« lassen. ☺ Nimm eine bequeme Haltung ein – dazu kannst du dich z. B. im Schneidersitz auf den Boden hocken, es dir auf dem Sofa gemütlich machen, dich auf den Klodeckel setzen oder aufs Bett legen, ganz wie du magst. ☺ Nimm dich aus dem Geschehen heraus, um für ein paar Minuten in dich hineinzuhorchen (ein Tipp: Wenn du dich an einem sehr belebten Ort befindest, setz dir Kopfhörer auf, um weniger abgelenkt zu sein.). Konzentriere dich auf deine Atmung. Atme ein paarmal langsam und tief ein und aus und spüre, wie mit jeder Ein- und Ausatmung sich alle Spannung in dir löst und aus dir herausströmt. ☺ Atme sieben Sekunden langsam durch die Nase ein, tief hinunter in den Bauch, und spüre, wie er sich dabei vorwölbt. Halte kurz inne und atme dann elf Sekunden lang durch den Mund wieder aus. Spüre wieder, wie die Luft langsam aus dem Bauch entweicht, bis er ganz von Luft entleert ist und bereit, von Neuem gefüllt zu werden. ☺ Atme auf diese Weise weiter und spüre, wie sich alle Verspannungen und unangenehmen Empfindungen auflösen wie ein Stück Würfelzucker in warmem Wasser. Stell dir vor, wie alle beklemmenden Gefühle von dir abfallen, als hätte sich ein enger Gürtel gelöst, der sie freigibt, bis sie sich im Nichts verlieren. ☺ Bleibe bei diesem gleichmäßigen Atemrhythmus und schließe nun im Sitzen,

Stehen oder auch Liegen die Augen. Denke an eine Zeit zurück, in der du einen tiefen inneren Frieden verspürt hast. Wenn du dich an nichts Bestimmtes erinnern kannst, dann stell dir vor, wie sich dieser tiefe Frieden anfühlen würde.

☺ Überlasse dich dieser Erinnerung oder Vorstellung, genieße die Szene und was du dabei verspürst. Was kannst du sehen oder hören? Spürst du etwas in deinem Körper? Kannst du etwas dabei riechen oder schmecken? ☺ Spiele die Szene ein paarmal im Geiste durch und versuche dann, jeden ihrer Aspekte »aufzuwerten«. Nimm die angenehmen Geräusche noch deutlicher wahr, lass die Farben noch leuchtender werden, die Gerüche und Geschmäcker intensiver, male dir alles so bunt und prächtig wie möglich aus. ☺ Wenn du dich ganz in diesen wunderbaren Moment des Friedens vertieft hast, mach eine Faust, balle sie für ein paar Sekunden so fest du kannst, und lass dich dabei ganz von den intensiven Gefühlen durchdringen. ☺ Bring dich dann wieder zurück in die Gegenwart. Wie fühlst du dich? Etwas ruhiger? Wenn die Antwort »ja« lautet: Super! Wenn du dir nicht sicher bist, mach dir deswegen keine Gedanken. Versuche es einfach noch einmal. Gehe dieselben Schritte nochmals durch, bis du dich in die entsprechende Verfassung versetzen kannst und diese Gefühle tiefen Friedens so intensiv wie möglich erlebst. Vielleicht braucht es dazu ein paar Anläufe, experimentiere einfach ein bisschen. Je mehr Übung du bei dieser Visualisierung hast, desto schneller und besser wird sie gelingen.

☺ Voilà. Das ist deine ganz persönliche »Auszeit«-Übung, wenn du die ersten Anzeichen von Panik in dir aufsteigen spürst.

Dr. Reetta Newell sagt ...
Panikattacken

Wenn man dir die Diagnose »Panikstörung« stellt, wie es bei Anna der Fall war, oder sich im Gespräch mit einem Psychologen herausstellt, dass du unter Panikattacken leidest, dann kann das etwas sehr Beunruhigendes haben. In dem Fall rate ich dir, deinen Hausarzt aufzusuchen, um andere medizinische Ursachen auszuschließen, bevor du dich mit deinen Panikattacken auseinandersetzt. Die gute Nachricht ist, dass Panikattacken behandelbar sind. Mit der richtigen Aufklärung und Unterstützung ist es möglich, sie mithilfe der KVT oder einer anderen Therapieform in einer Reihe von Sitzungen in den Griff zu bekommen.

Das Hinterfragen deiner Gedanken kann bei Angstzuständen enorm viel ausmachen, auch bei Panikattacken. Nehmen wir an, du denkst: »Mein Herz rast, und ich bekomme keine Luft – ich habe einen Herzinfarkt!«, und dir gelingt es, diesen Satz durch einen anderen zu ersetzen wie: »Das ist Angst. Ich kann sie annehmen, und sie wird in einigen Momenten vorbeigehen.« Was würde das wohl bewirken?

Annas Übung »Die Panikattacke in den Griff bekommen« bietet dir eine ganze Reihe praktikabler Strategien, die sich in fast jeder Situation individuell anpassen lassen.

Top-Tipps für den Umgang mit Panikattacken

Top-Tipp 1

Während einer Panikattacke kann es dir fast unmöglich erscheinen, klar zu denken oder dich auf das zu besinnen, was du dir in einem ruhigeren Moment vorgenommen hast.

Wie wäre es, wenn du dir die Strategien notierst, die dir am meisten liegen? Du kannst sie dann überall griffbereit haben, sei es auf dem Handy oder auf einem Zettel im Portemonnaie. Einige meiner Klienten haben sich dazu einen Zettel in der Größe einer Bankkarte vorbereitet und sich die nützlichsten Bewältigungsstrategien und Affirmationen notiert (wie etwa: »Ich erlebe das nicht zum ersten Mal und weiß, dass mir nichts Schlimmes passiert«, »Ruhig weiteratmen, das hilft« oder »Ich kann diesen Zustand annehmen und weiß, dass er vorübergehen wird«). Wenn du also das nächste Mal eine Panikattacke hast und dich vielleicht in die Toilette flüchtest, dann greif dort zu deinen Notfallnotizen, um für dich selbst eine Anleitung zu haben.

Top-Tipp 2

Setze dich den Situationen aus, vor denen du dich fürchtest. Erstelle eine Liste dieser Situationen, beginne mit der leichtesten, um dich nach und nach zu desensibilisieren. Gewöhne dich an die schrecklichen Panikgefühle. Wenn du dich in der angstbesetzten Situation befindest, halte die Angst aus und gehe nicht aus der Situation heraus, bevor sich die Angst gelegt hat (und denke auch an Annas Ratschlag bezüglich der Atmung).

Top-Tipp 3

Richte dich über deine Sinne auf die Außenwelt aus. Anstatt dich auf dich selbst zu konzentrieren und darauf, wie furchtbar du dich fühlst, ist es besser, das zu tun, was Anna mit »in der Gegenwart bleiben« meint (im Übungsabschnitt »Die Panikattacke in den Griff bekommen«).

3.

SOZIALPHOBIEN – DAS »NICHTS WIE WEG HIER«-GEFÜHL

ICH WILL HIER RAUS!

Annas Notfallbox

HALTE DIR EINEN FLUCHTWEG OFFEN Es gibt kaum Schlimmeres als das Gefühl, in einer Situation »gefangen« zu sein. Beruhige dich selbst mit dem Wissen, dass du sie jederzeit verlassen kannst. Du hast die Kontrolle.

KONZENTRIERE DICH AUF ANDERE Die Aufmerksamkeit von dir selbst auf andere zu lenken kann ein effektives Mittel sein, um die Gefühle der Beklemmung und Befangenheit rasch zu verwandeln. Stell Fragen und gestehe dir zu, einfach nur in der Situation zu »sein«, bis du dich wohler fühlst.

TU SO, ALS OB! Überliste dich selbst zu deinem »Wunschgefühl«. Schauspielere einfach ein bisschen und tritt selbstbewusst und gelassen auf. Was du vorschützen kannst, das kannst du auch tatsächlich »fühlen«.

#Heikel!

Sozialphobie ist ein Wort, das einem heute ziemlich häufig begegnet. Ich schätze, dass die meisten Menschen vor gesellschaftlichen Ereignissen schon einmal dieses unbehagliche Gefühl von Verlegenheit und Befangenheit verspürt haben. Auf uns kommen immer wieder Situationen zu, die von uns verlangen, dass wir uns in Schale werfen, uns auf unsere angestaubten Plauderkünste besinnen und ins Getümmel stürzen. Ob Hochzeiten, Präsentationen, Geburtstagspartys oder ein Umtrunk mit

Kollegen – solche Anlässe können selbst für die Geselligsten unter uns zu einer Herausforderung werden.

Du kannst mir glauben, dass ich weiß, wovon ich rede. Jahrelang habe ich gehört, dass ich wohl der selbstbewussteste Mensch auf der Welt sein müsse – ein Eindruck, den ich aufgrund meiner Fernsehkarriere erwecke, was ja auch nicht weiter verwunderlich ist. Aber vielleicht überrascht es dich zu hören, dass ich als Kind extrem schüchtern war.

Ich kann mich noch sehr gut erinnern, wie ich meine Mutter einmal bei ihrer Einkaufsrunde begleitet habe und wir im Metzgerladen standen. Ich hatte entsetzliche Angst davor, angesprochen zu werden, und vergrub mein Gesicht fast die ganze Zeit im langen Rock meiner Mutter. Ich weiß noch, wie sich der gutmütige Metzger zu mir über die Theke beugte und mit dröhnender Stimme sagte: »Na, mein Schatz, warum versteckst du dich denn?« Das war zweifellos nett gemeint, aber ich bekam höllische Angst und brach prompt in Tränen aus.

Ich war so menschenscheu, dass ich mich stundenlang verkroch, wenn meine Cousinen zu Besuch waren, und als ich in die Grundschule kam, hatte ich solche Angst, mit den anderen Kindern zusammen zu sein und mich mit ihnen anzufreunden, dass ich mich in der großen Pause nicht zum Spielen auf den Schulhof wagte, sondern die ganze Zeit allein in der Bibliothek verbrachte. Erst ein nettes Mädchen namens Lauren erbarmte sich meiner, nachdem die Lehrerin sie dazu aufgefordert hatte.

Es bedurfte der sorgfältigen Förderung durch meine Lehrer und auch der Nachsicht der anderen Kinder, aber schon bald entwickelte dieses verängstigte kleine Mädchen, das sich selbst aus der Gemeinschaft ausschloss, allmählich Zutrauen zu sich selbst. Was aber noch wichtiger für mich war: Auch die anderen Kinder fassten Zutrauen zu mir, und ein oder zwei Jahre später avancierte ich zur Schulsprecherin – noch heute habe ich die abgewetzte grüne Plakette als Beweis für meine damalige Errungenschaft. Sie ist wirklich einer meiner größten Schätze und bedeutet mir sehr viel.

Heute bin ich im Zusammensein mit Menschen im Großen und Ganzen ziemlich selbstbewusst. Aber es gibt immer noch Momente, in denen ich total blockiert bin, und zwar dann, wenn ich die wohlbekannten Angststiche und Hitzewallungen spüre, die meine coole Fassade ins Wanken bringen. Als Moderatorin muss ich mich häufig auf glamourösen Showbiz-Partys blicken lassen, und auch da bin ich aufgeregt und befangen oder komme mir selbst linkisch und unbeholfen vor – wenn auch nur für einen kurzen Moment. Jedes Mal bedrängen mich Fragen wie »Wer wird da sein?«, »Was, wenn ich meine Eintrittskarte verliere?«, »Was, wenn sich niemand mit mir unterhält?«, »Was, wenn man ein Foto von mir machen will?« – »Und was, wenn man KEIN Foto von mir machen will!?« Diese ewigen Angstvorstellungen schießen mir dann durch den Kopf wie die Kugel in einem wild gewordenen Flipperapparat.

Und dann erst die Familien- und Betriebsfeiern. Das kann mit einem solchen Erwartungsdruck einhergehen, so oder so zu »sein« und allen möglichen fremden Vorstellungen gerecht zu werden: wie du aussiehst, wie du dastehst, wie du dich verhältst, was du sagst, was für Fragen du stellst … die Anforderungen sozialer Interaktion sind endlos, und ich glaube kaum, dass *irgendjemand* dem immer gewachsen ist.

Was genau ist Sozialphobie?

Also, was ist das eigentlich, und warum leiden so viele Menschen darunter? Es gibt viele Leute, die davon berichten, in gesellschaftlichen Situationen Angstgefühle zu entwickeln. Immer mehr Menschen sind davon betroffen, und du bist gewiss nicht allein damit. Ich möchte sogar wetten, dass sich die meisten Menschen in sozialen Situationen wie der letzte Vollidiot vorkommen. Denk also daran, wenn du das nächste Mal unter Leuten bist, und tröste dich damit, dass wir uns *alle* bei solchen Gelegenheiten schon (mindestens) einmal in die Hose gemacht haben.

Sozialphobie stellt eine spezielle Form von Angststörung dar. Sie ist durch ein starkes Unbehagen oder die Furcht gekennzeichnet, sich in eine soziale Interaktion zu begeben, weil sie das Bedenken auslöst, von anderen beurteilt oder bewertet zu werden. Typisch ist die große Angst davor, was andere über uns denken (insbesondere die Angst vor Beschämung, Demütigung, Kritik oder Zurückweisung). Das führt zu einem Gefühl der Verunsicherung, der Vorstellung, in den Augen anderer nicht gut genug zu sein, und/oder zu der Annahme, von anderen automatisch abgelehnt zu werden. Die Betroffenen entwickeln oft auch paranoide Züge, und all das zusammen ergibt einen höchst unschönen Zustand mit einer fatalen Gedankenverkettung.

Wie häufig Sozialphobien auftreten und durch welche Situationen sie ausgelöst werden, ist von Mensch zu Mensch verschieden. Zum Glück sind wir alle unterschiedlich, und es gibt keine Beschreibung, die auf alle passt. Es gibt jedoch einige häufiger auftretende Symptome und Auslöser, mit denen du vielleicht schon selbst Erfahrung gemacht hast oder in die du dich zumindest hineinversetzen kannst.

Die häufigsten Auslöser von Sozialphobien

Es gibt so viele Situationen, von denen wir uns schneller ins Bockshorn jagen lassen als der ängstliche Löwe aus *Der Zauberer von Oz*. Für mich war die Schule die erste große Hürde. Meine früheste Erinnerung ist die Trennung von meiner Mutter am ersten Vorschultag. Ich war ganz und gar nicht scharf darauf, mit einer Horde fremder Kinder zu spielen, sondern vollkommen zufrieden damit, bei meiner Ma zu sein. Zum Glück lebte ich mich schnell ein, und meine arme Mum musste nicht mehr das Gefühl haben, die schlechteste Mutter der Welt zu sein. Ich gewöhnte mich also rasch an die neue Umgebung, in der ich nun weiter wachsen und gedeihen sollte. Hätte ich aber mit meinen vier Jahren die Wahl gehabt, dann hätte ich wohl kaum freiwillig meine Komfortzone verlassen.

Im Alltagsleben ist das natürlich nicht machbar. Wenn wir nicht unter Menschen gehen, wirkt sich das ungünstig auf unsere Sozialkompetenz und Kommunikationsfähigkeit aus. Unabhängig von unserem Alter fördert es unsere Entwicklung, wenn wir uns in ganz unterschiedlichen Situationen unter Menschen begeben, und je häufiger wir das tun, desto geübter werden wir hoffentlich darin.

Wie du inzwischen ja schon von mir weißt, hasste ich es, mich aus meiner Komfortzone herauszubewegen, aber heute bin ich heilfroh, dass ich in diesen prägenden Jahren den Umgang mit Menschen gelernt habe. Ich wurde allmählich besser darin, und je mehr es mir zur zweiten Natur wurde, Konversation zu betreiben, desto leichter fiel es mir wiederum, mich unter Menschen zu begeben. Meiner Meinung nach gibt es für die Entwicklung von Sozialkompetenz kein Patentrezept. Vieles daran ist einfach hinfallen, aufstehen, Krone richten und weitergehen. Leichter gesagt, als getan. Immerhin gibt es ein paar kleine Tricks und schlaue Techniken, die dir dabei helfen können, in sozialen Situationen, welcher Art auch immer, besser zurechtzukommen.

Es gibt eine Reihe von Situationen, in denen sich Menschen mit Sozialphobie normalerweise besonders unbehaglich fühlen. Dazu gehören:

- familiäre Verpflichtungen und Zusammenkünfte
- Betriebsfeiern und -veranstaltungen
- Hochzeiten und Taufen
- Freundestreffen
- Kneipenbesuche ohne Begleitung
- Restaurantbesuche
- Präsentationen und/oder Reden
- Geburtstagspartys, Examensfeiern usw.

Ich bin mir sicher, dass du dieser Liste noch weitere Anlässe hinzufügen kannst. Offenbar gibt es bei vielen dieser potenziell angstbesetzten Situationen ein gemeinsames Thema, und das ist: die Angst vor dem Unbekannten. Nicht zu wissen, was einen erwartet, wem man begegnen wird und wie der Tag/Abend verlaufen wird, kann der perfekte Auslöser für einen massiven Anfall von Sozialphobie sein.

Und im Grunde macht das auch absolut Sinn. Wer wäre denn *nicht* nervös beim Gedanken an etwas, das noch nicht passiert ist? Es gibt einfach zu viele Unwägbarkeiten, stimmt's? Hier können wir ansetzen, um uns ein paar brauchbare Techniken zuzulegen, mit denen wir uns von vornherein in einen Zustand versetzen, in dem wir uns kompetenter und der Sache mehr gewachsen fühlen.

Übungsalarm

Das Für und Wider bewerten

Wenn du dir im Vorfeld Klarheit darüber verschaffst, was dich bei einem sozialen Event erwartet, bringst du dich damit in eine sehr viel bessere Ausgangsposition. Falls dir vor dem Anlass genug Zeit zum Nachdenken bleibt, solltest du dir – noch bevor du dich für oder gegen deine Teilnahme entscheidest – die folgenden Fragen stellen und dabei genau auf die Antworten achten:

Was WIRD passieren, wenn ich hingehe? ↻ Was WIRD passieren, wenn ich NICHT hingehe? ↻ Was wird NICHT passieren, wenn ich hingehe? Was wird NICHT passieren, wenn ich NICHT hingehe?

Diese vier Fragen können eine große Hilfe sein, um für dich abzuklären, wie es dir mit einem bevorstehenden Event geht und was dabei auf dich zukommen kann. Auf diese Weise kannst du die künftige Situation besser abschätzen, um für dich das Beste daraus zu machen.

Probiere es einfach aus. Du kannst deine Antworten auch notieren, um dich später darauf zu beziehen. Nutze den Klärungsprozess, um für dich zu einer stabilen Einschätzung zu kommen, worauf du dich einlässt und warum.

Und nun zum Körperlichen

Angstzustände sind häufig mit ziemlich unangenehmen und peinlichen körperlichen Symptomen verbunden, und die Sozialphobie ist ein Paradebeispiel für die offensichtlicheren unter ihnen.

Schweißausbrüche, Harndrang, Blähungen, Rotwerden, Muskelverspannungen: All das sind Anzeichen, dass sich jemand nicht gerade wohlfühlt in seiner Haut. Nimm dir einen Moment Zeit, um dir bewusst zu machen, wie du selbst in einer typischen sozialen Situation reagierst. Möglicherweise kennst du von dir selbst das eine oder andere der eben genannten Symptome, vielleicht kommen bei dir auch noch ganz andere hinzu.

Neulich bin ich allein zu einer »Work Party« in London gegangen, was ziemlich häufig vorkommt. Ich kann nicht behaupten, dass mir so etwas besonders liegt, zumal wenn ich dort niemanden kenne und nicht weiß, was mich erwartet. Aber zu meiner Arbeit gehört es eben auch, bei solchen Anlässen Präsenz zu zeigen, egal, ob es mir gelingt, dafür eine Begleitung aufzutreiben oder nicht.

Diese spezielle Veranstaltung fand in einem feudalen Hotel statt, und es war eines dieser versnobten Klicken-Events, bei denen Champagner und Kanapees gereicht werden und an den Türen Leute mit Klemmbrettern stehen. Nach Jahren des Trainings fühlte ich mich auf gesellschaftlichem Parkett ziemlich sicher, und so marschierte ich forsch in den Veranstaltungssaal, bereit, mich jeder Herausforderung zu stellen. Als ich mich dann aber einer Front muffiger Gesichter gegenübersah, die mich alle neugierig anstarrten, um zu sehen, wer da neu aufgetaucht ist, war meine Forschheit wie weggeblasen. Für mich war es ein Schock, zu erleben, wie mein sonst so cooles und gelassenes Auftreten mit einem Schlag der Angst und Verunsicherung gewichen war. Ich wusste nicht, wohin mit meinen Gliedern, das Herz schlug mir bis zum Hals, und mit ausgetrocknetem Mund steuerte ich auf das Champagnertablett zu, um mich an einem der Gläser festzuhalten (und mir Mut anzutrinken). Ich stellte mich linkisch in eine Ecke und holte mein Handy hervor – meine Verlegenheitskrücke –, um halbwegs beschäftigt auszusehen und nicht wie ein totaler Outsider und Trottel zu wirken, als der ich mich fühlte und den anderen wahrscheinlich auch erschien.

Während ich so tat, als wäre ich mit einer wichtigen Mail beschäftigt, und tatsächlich den neuesten banalen Instagram-Post von Kim Kardashian überflog, versuchte ich, meine Fassung wiederzugewinnen, bis ich mich nach fünf langen Minuten geschlagen gab. Ich hatte die Angst siegen lassen, nahm meinen Mantel und stahl mich mit eingeklemmtem Schwanz von der Party.

Ich war frustriert und von mir selbst enttäuscht – warum hatte ich zugelassen, dass mich die Situation derart mitnimmt? Was war es, das mich daran so verängstigt und verunsichert hatte? Die Antwort ist – ich hatte mich nicht vorbereitet auf das, worauf ich mich da einließ. Durch meine mangelnde »Einsatzplanung« waren meine Ängste und Unsicherheiten fremder Neugier und Bewertung preisgegeben. Die nächste Übung, die im Coaching häufig eingesetzt wird, ist mir selbst immer wieder eine große Hilfe und eine meiner liebsten Techniken. Vielleicht versuchst du selbst es auch einmal damit, wenn du dich in einer brenzligen Situation befindest.

Übungsalarm

Erst planen ... dann umsetzen

Bei so ziemlich jedem Vorhaben im Leben ist es von großem Vorteil, einen Plan zu haben. Er verschafft uns Orientierung in Bezug auf das, was auf uns zukommt, und erinnert uns daran, was wir eigentlich wollen und wie wir es zu erreichen gedenken. Er bewahrt uns zudem vor manch einer unliebsamen Überraschung und verhilft uns zu dem Maß an Selbstbestimmung und innerer Sicherheit, das im Umgang mit unseren Ängsten so wichtig ist.

Nimm ein Blatt Papier zur Hand, dein Smartphone oder was immer du gerne benutzt, um dir Notizen zu machen. Wichtig ist aber, *dass* du die Übung schriftlich machst, weil sie auf diese Weise für dich selbst verbindlicher wird. Betrachte das GROW-Modell als dein ganz persönliches Wachstumskonzept für den Umgang mit sozialen Situationen.

- ○ G wie GOAL – deine Zielsetzung
  Was willst du mit der Teilnahme an diesem Anlass für dich erreichen?
  Wo willst du hinkommen, und wie willst du dich fühlen?
  Notiere dir deine Zielsetzung in Form einer positiven Formulierung, z.B. »Ich will diesen Anlass genießen und stolz auf mich sein«.
- ○ R wie REALITY – deine jetzige Verfassung
  Wie sieht deine gegenwärtige Situation aus?
  Notiere alle deine Ängste oder Vorbehalte und sei dabei möglichst aufrichtig zu dir selbst.
  Wie fühlst du dich in Bezug auf deine Zielsetzung?

○ O wie *OPTIONS* – deine Gestaltungsmöglichkeiten

Dies ist der eigentlich spannende Teil, in dem du dir deinen Handlungsspielraum klarmachst. Lass deiner Kreativität freien Lauf und notiere, was du in der fraglichen Situation tun möchtest.

Welche Stärken besitzt du, die dir dabei helfen können, dein Ziel zu erreichen?

Welche anderen Ressourcen hast du – Menschen, die du kennst, oder Dinge, die schon früher funktioniert haben?

Was fällt dir sonst noch ein, das dir helfen könnte, dein Ziel zu erreichen?

○ W wie *WILL* – deine Motivation

Zeit, dir selbst Mut zu machen und dir klarzumachen, wie stark und großartig du in Wahrheit bist.

Wie wichtig ist es dir, dieses Ziel zu erreichen?

Was bedeutet es für dich?

Was wird es dir geben, wenn du dein Ziel erreichst?

Wie sehr hast du es verdient?

Gehe diese Schritte in Bezug auf jedes Szenario durch, bei dem du dir selbst ein bisschen unter die Arme greifen musst. Indem du dir dein eigenes GROW-Modell erstellst, sorgst du für die Klarheit, den Biss und die nötige Ausdauer, um eine stressige Situation durchzustehen.

Bitte –1 Zeile, damit 1 Zeile von Seite 86 mit auf diese Seite

GARTEN DES GELINGENS

Was kann schlimmstenfalls passieren?

Wenn du diese einfache Frage im Hinterkopf behältst, kann das schon eine große Hilfe sein, um angesichts einer stressigen Situation rasch wieder die Kontrolle und den Überblick zu gewinnen. Einige Klienten, die zu mir kommen, stehen unter gewaltigem Druck und sind voller Angst, was sich in einer ganzen Reihe von Symptomen zeigt. Wenn wir uns dann aber den Anlass ihrer Befürchtungen genauer ansehen, ist es erstaunlich, wie wenig begründet ihre massiven Ängste tatsächlich sind. Häufig ist der *Gedanke* an das Bevorstehende viel schlimmer als die Sache selbst. Das ist schon ziemlich verrückt und reichlich unfair gegenüber unserem armen Nervenkostüm und Selbstvertrauen.

Dieser Realitätscheck ist von großer Bedeutung und ein Werkzeug, das ich sehr gern benutze. Er ist wie ein persönlicher Coach, wenn es darum geht, uns schnell Klarheit über eine Situation zu verschaffen und sie in die richtige Perspektive zu rücken. Wenn ein Klient oder jemand aus dem Freundeskreis mit einer Sozialphobie zu mir kommt, ziele ich alsbald auf die Klärung der Frage, welche Anzeichen es dafür gibt, dass die Ängste gerechtfertigt sind. Genauso verfahre ich übrigens auch, wenn ich für mich selbst Klärungsbedarf habe. Und ob du es glaubst oder nicht: Die meisten Menschen sind nicht in der Lage, etwas anzugeben, womit sich ihre Ängste halbwegs begründen ließen – vielmehr sehen die meisten dann etwas irritiert aus und fragen sich, worüber sie sich eigentlich solche Sorgen gemacht haben. In diesem Fall ist die Irritation etwas Positives: Sie zeigt uns, dass wir unsere Reaktionen hinterfragen.

Ich hatte einmal einen Klienten mit einer ausgeprägten Sozialphobie, die sich vor allem bei Anlässen zeigte, bei denen er mit vielen fremden Menschen zusammenkam, wie bei Arbeitsmeetings oder Partys. Jedes Mal, wenn er sich mit jemandem unterhielt, hatte er immense Angst, rot zu werden. Das machte ihn so gehemmt und befangen, dass es nahezu sein Leben ruinierte. Je mehr er sich davor fürchtete, dass es wieder passierte und was andere deshalb von ihm denken würden, desto mehr zog er sich zurück oder verzog sich in eine Ecke.

Als wir diese sehr reale Angst in einer Übung analysierten, wurde ihm bewusst, dass er tatsächlich nur ein einziges Mal vor anderen Menschen rot geworden war, und selbst bei dieser Gelegenheit hatte das kein einziger Mensch kommentiert, wenn es überhaupt jemandem aufgefallen war. Sein subjektives Empfinden der Situation war so massiv, dass er völlig überbewertete, was andere wie wahrnahmen. Und was passierte, nachdem er seine Ängste dieser Realitätsprüfung unterzogen und sich klargemacht hatte, wie wenig sie begründet waren? Seine Angst vor dem Erröten verlor dramatisch von ihrer Macht, denn tatsächlich hatte ihn deswegen *niemals* jemand verspottet oder sich über ihn lustig gemacht. Dank dieser probaten Methode bekam seine Angst einen ganz anderen Stellenwert, und bei der nächsten Gelegenheit testete er seine neu gewonnene Einsicht. Und siehe da: Das Erröten trat nie wieder auf – bingo! Das ist nun drei Jahre her, und manchmal verspürt er noch die alte Befangenheit. Aber gemeinsam arbeiteten wir heraus, dass es sich dabei um eine vollkommen normale und angemessene Reaktion auf bestimmte Situationen handelt. Die massive Angst, rot zu werden, die zu seiner ausgeprägten Sozialphobie geführt hatte, ist jedenfalls so gut wie verschwunden, und er kann jetzt überall hingehen, wann und mit wem auch immer er mag.

Was also können wir daraus lernen? Wir sind mitunter sehr unbarmherzig mit uns selbst und lassen zu, dass uns die »Angst vor der Angst« beschleicht und von uns Besitz ergreift, auch wenn gar kein Anlass dazu besteht. Wenn wir uns aber an das halten, was es mit der Situation und den Gefühlen, die sie auslöst, tatsächlich auf sich hat, dann haben wir die besten Aussichten, den Auslösern der Sozialphobie und dem, was sie anrichten kann, einen Riegel vorzuschieben.

Ein Vorbild zum Ausleihen

Hier nun eine Übung, die sich gerade auch für sehr scheue und zurückgezogene Menschen gut eignet. Darüber hinaus ist sie eine amüsante Möglichkeit, den/die Schauspieler/-in in uns zu entdecken. Das Prinzip dabei ist, sich so intensiv in eine Rolle hineinzuversetzen, dass man zu dem »wird«, was man »spielt«. Und das funktioniert tatsächlich.

Denke an eine Person, die du besonders schätzt, jemanden, den du persönlich kennst, oder vielleicht deinen/deine Lieblingsschauspieler/-in oder -sänger/-in. Wie verhält sich diese Person in einer sozialen Situation? ☺ Mache dir davon ein möglichst lebendiges Bild und achte dabei auf alle Aspekte ihres Verhaltens: wie sie auftritt und sich bewegt, auf ihre Haltung und Körpersprache. Gewinne ein möglichst deutliches Gefühl für dein Vorbild, indem du all deine Sinne einsetzt, um dir Aussehen, Haltung und den Klang der Stimme zu vergegenwärtigen. Um deine Visualisierung so lebhaft wie möglich zu gestalten, kannst du dir dazu auch Videoclips oder entsprechende Posts in den sozialen Medien ansehen. ☺ Der nächste Schritt besteht nun darin, dir einige Eigenschaften dieser Person »auszuleihen«, vor allem solche, die im Umgang mit Menschen relevant sind. ☺ Stell dir vor, wie sie sich dabei fühlt, welche Gedanken ihr durch den Kopf gehen und was sie tut, um sich auf einen entsprechenden Anlass vorzubereiten. ☺ Dabei kommt es vor allem auf die »Einsatzplanung« an oder das »Planen vor der Show«, wie ich es gerne nenne. Bevor du dich also bei dem Anlass deiner Wahl unter die Leute mischst, nimm dir ein wenig Zeit und Muße, um dich in dein Vorbild hineinzuversetzen. Nimm die positiven Gedanken dieser Person wirklich wahr, ihre Körpersprache, ihren Augenausdruck, ihren Gang und die Art, wie sie dasteht. Woran erkennst du, dass sie sich in diesem sozialen Kontext absolut wohl in ihrer Haut fühlt? ☉ Jetzt kann die Show beginnen. So ausgerüstet, kannst du dich mit deinem Vorrat an geborgten Eigenschaften zu dem gesellschaftlichen Ereignis begeben, bei dem du dir erlaubst, so »zu tun«, als wärest du die andere Person. Vielleicht bemerkst du dabei, wie viel leichter dir alles fällt, wenn du deiner »Partnerin« oder deinem »Partner« die Führung überlässt und dich einfach dem Geschehen hingibst, so wie du es vorher mental (und vielleicht auch körperlich) eingeübt hast. ☉ Du kannst deinen Vorrat an geliehenen Eigenschaften noch weiter ausbauen und verfeinern und eventuell auch durch die Züge einer weiteren Person ergänzen, um deinen Auftritt für dich noch überzeugender zu machen. ☉ Wenn sich dieses Verfahren mit der Zeit bewährt und sich herausstellt, dass du SEHR WOHL in der Lage bist, dich unter Leute zu begeben und dabei eine gute Figur zu machen, dann kannst du dich langsam wieder von deinem »Leihvorbild« lösen, während du zunehmend auf deine eigenen großartigen Sozialkompetenzen vertraust.

Gut gemacht – danke im Geiste deinem Vorbild für die Unterstützung, und auch dir selbst kannst du auf die Schulter klopfen!

Weitere hilfreiche Tipps,
wenn alles andere versagt

Wie inzwischen wohl hinreichend klar geworden ist, kann es nicht schaden, wenn du dir über die Situation, die auf dich zukommt, vorher ein paar Gedanken machst. Wichtig dabei ist aber, es mit dem Nachdenken nicht zu übertreiben, weil das auch wieder kontraproduktiv sein kann. Wenn wir uns aber möglichst gut vorbereiten und schlaumachen, können wir damit hinderlichen Ängsten, die uns in letzter Minute beschleichen wollen, eine Absage erteilen.

Sehr hilfreich ist es, ein paar präparierte Small-Talk-Einlagen auf Lager zu haben: bestimmte Fragen, die du stellen kannst, und ein paar interessante Fakten über dich selbst, die du abrufen kannst, wenn das Gespräch ins Stocken gerät. Wer kennt das nicht: Bei einer Firmenveranstaltung stehst du plötzlich der einschüchternden Gestalt deines Chefs gegenüber und bekommst kein Wort mehr raus. Oder du wirst ausgerechnet von derjenigen Person vereinnahmt, deren Kommunikationstalent dem einer Kartoffel gleichkommt ... Wir können uns allerdings dagegen wappnen, stumm wie ein Fisch dazustehen und Löcher in die Luft zu starren.

Der trockene Mund und der völlig leer gefegte Kopf gehören zu den häufigsten Begleiterscheinungen der Sozialphobie – man ist vor Befangenheit wie gelähmt, was die Angstzustände nur noch weiter verschlimmert.

Schaffe dir daher ein Sicherheitsnetz aus drei Standardthemen, die du als Gesprächseinstieg abrufbereit im Hinterkopf hast. Vermeide dabei »geschlossene Fragen«, auf die sich bloß mit Ja oder Nein antworten lässt, wodurch der Faden wiederum abreißt und dir wenig Zeit zum Improvisieren bleibt. Stelle deine Fragen vielmehr als »offene Fragen«, auf die dein Gesprächspartner automatisch ausführlicher antworten muss. Diese Technik gehört zur hohen Kunst der Gesprächsführung. Offene Fragen verschaffen dir einen gewissen Vorsprung und bieten dir Anhaltspunkte, um dich deinerseits einzubringen:

- **»Wie war«** ... dein Tag/deine Reise usw.?
- **»Wie geht es«** ... deiner Familie/der Person xy usw.?
- **»Was sagst du«** ... zum Wetter/zur Politik/zu den Nachrichten usw.?
- **»Wie läuft es«** ... bei der Arbeit/mit dem Projekt/den Hochzeitsvorbereitungen usw.?

Wie du siehst, ist es für dein Gegenüber kaum möglich, auf diese Form der Fragestellung mit kurzen Ja-/Nein-Sätzen zu antworten, durch die du im Gespräch schnell in Verlegenheit kommst. Aus den entsprechenden Antworten ergibt sich viel eher ein richtiges Gespräch mit Themen, an denen du anknüpfen und die du weiter vertiefen kannst. Anflüge von Befangenheit lösen sich auf diese Weise leichter auf.

Zu guter Letzt

. . . .

Wie ich hoffe, hat dir dieses Kapitel einen besseren Einblick in das Thema Sozialphobie verschafft und dir ein paar positive Ansätze vermittelt, wie du es für dich angehen kannst. Falls du aber alle Tipps und Techniken ausprobiert hast und dich trotz allem eines Tages aus irgendeinem Grund ein Anfall von Sozialphobie überkommt, dann solltest du nicht verzagen, sondern dir einen Fluchtplan offenhalten.

Wie wir herausgefunden haben, ist es am besten, die Angst

bei den Hörnern zu packen. Wenn es aber wirklich hart auf hart kommt, dann hast du eben einen »Nichts wie weg hier«-Fluchtplan in der Hinterhand. Hin und wieder habe ich es genauso gehalten, und es ist vollkommen okay, das zu tun. Es ist wichtig, sich klarzumachen, dass wir niemals einer Situation hilflos ausgeliefert sind und uns jederzeit aus ihr herausziehen können, wenn wir es wirklich wollen.

Wenn du dich in ein Meeting oder einen überfüllten Pub begibst, dann wähle deinen Steh- oder Sitzplatz so, dass du den Ausgang leicht erreichen kannst, falls es notwendig werden sollte, dich kurzfristig aus dem Staub zu machen. Überlege dir auch, wie es dir damit gehen würde, dich vor Freunden oder Kollegen ganz offen mit deinen Gefühlen zu zeigen. Häufig kann es sehr zur Entlastung und Entspannung beitragen (vor allem deiner eigenen), wenn du zu Beginn einer Präsentation, vor der dir graut, oder im Gespräch mit einem fremden Menschen sagst: »Ich bin ziemlich aufgeregt, also haben Sie bitte Nachsicht mit mir.« Dabei wirst du feststellen, dass die meisten Menschen darauf verständnisvoll und empathisch reagieren. Denk daran, was ich zu Anfang des Kapitels gesagt habe: Sehr viele Menschen kennen diese Ängste, und damit ist die Wahrscheinlichkeit groß, dass sie nachvollziehen können, wie du dich fühlst, und dir gegenüber Milde walten lassen.

Wenn du auf diese Weise vorgehst, wird das in den meisten Fällen einen großen Teil der Angst beheben, sodass du wahrscheinlich niemals wirklich auf deinen sorgfältig ausgeheckten Fluchtplan wirst zurückgreifen müssen. Zu wissen, dass du ihn hast, kann dann schon Beruhigung genug sein.

Spiele ruhig ein bisschen mit diesen Tools und Techniken und genieße das wachsende Gefühl von Freiheit, das dir hoffentlich das Wissen verleiht, dass du a) nicht allein bist und b) die Sozialphobie … pfff, WELCHE Sozialphobie?

Dr. Reetta Newell sagt ...
Sozialphobien

Wie Anna bereits ausgeführt hat, sind Sozialphobien weit-verbreitet. Menschen, die daran leiden, haben oft ein negatives Selbstbild und fürchten sich vor Situationen, in denen sie mit Menschen zusammenkommen, weil sie glauben, dabei schlechte Erfahrungen zu machen. Auch wenn den Betroffenen bewusst ist, dass ihre Ängste irrational sind, bleibt die Problematik häufig dennoch bestehen. Mach dir klar, dass deine Gedanken keine Tatsachen sind. Es ist weder hilfreich noch fair dir selbst gegenüber, negative Vermutungen über eine künftige Situation anzustellen. Vielleicht kannst du dir das nächste Mal auf realistischere und positivere Weise zureden? Etwa: »Um gemocht zu werden, muss ich nicht perfekt sein.« Oder: »Es ist in Ordnung, Angst zu haben, das ist nur menschlich.« Es gibt keine Methode, mit der du auf einen Schlag deine Ängste loswirst. Aber wenn du die Strategien anwendest, die Anna in ihren Übungsabschnitten beschreibt, und deine Gedanken hinterfragst, kann dir das dabei helfen, deine Angst nach und nach in den Griff zu bekommen.

Was ist deine größte Angst in Bezug auf soziale Situationen? Bei meinen Klienten geht es oft darum, dass sie glauben, nicht gemocht zu werden, sich für dumm oder langweilig halten oder dass andere ihre körperlichen Symptome bemerken (Erröten, Schwitzen, Zittern). Wer unter einer Sozialphobie leidet, neigt dazu, sich in einer Menschengruppe sehr stark selbst zu beobachten und die Anzeichen von »Gefahr« überzubewerten.

Viele Menschen legen ein »Sicherheitsverhalten« an den Tag, das ihnen zwar kurzfristig Erleichterung verschafft, aber auch leicht dazu führen kann, dass sie sich noch linkischer und noch mehr fehl am Platz vorkommen. Anna beschreibt einen gesellschaftlichen Anlass, bei dem sie ihr Handy als »Verlegenheitskrücke« benutzt, ein klassisches »Sicherheitsverhalten«, das heute wohl die meisten bis zu einem gewissen Grad an den Tag legen. Wahrscheinlich linderte das die Angst für den Moment, aber auf lange Sicht hält es sie in einer Situation in Gang, die an sich nichts Bedrohliches hat. Andere typische Beispiele für dieses Sicherheitsverhalten sind Lachen oder schnelles Sprechen, um die eigene Nervosität zu kaschieren. Auch der Versuch, möglichst keine Aufmerksamkeit auf sich zu ziehen, oder das Vermeiden von Blickkontakt gehört zu diesem Verhaltensmuster.

Top-Tipps für den Umgang mit Sozialphobien

Top-Tipp 1
Letztlich hält dich das »Sicherheitsverhalten« davon ab, aus subjektiv bedrohlichen Situationen etwas Positives zu lernen. Deshalb möchte ich dich bitten, im Sinne der »Exposition« an deinem individuellen Sicherheitsverhalten zu arbeiten – mit anderen Worten: dich deinen Ängsten zu stellen. Deine Angst rät dir, auf Nummer sicher zu gehen und weiterhin das zu tun, was du in solchen Situationen normalerweise tust. Gerade das lässt dich aber denken, die Situation sei gefährlich. Um deine Sozialphobie zu überwinden, solltest du dich vielleicht einmal selbst überraschen, indem du das Gegenteil von dem tust, was du üblicherweise tust. Wenn du es also normalerweise vermeidest, Aufmerksamkeit auf dich zu ziehen, dann tu etwas, um Aufmerksamkeit zu erregen! Wenn du sonst gern Blickkontakt vermeidest, dann geh auf die betreffende Person zu

und frage sie, wie es ihr geht. Das Prinzip ist einfach: Wenn du deine gewohnten Verhaltensmuster ins Gegenteil verkehrst, kann dein Körper lernen, dass keine Gefahr in einer bestimmten Situation droht, und dein Geist, dass du ihr gewachsen bist.

Top-Tipp 2
Wenn du dich das nächste Mal in einer als bedrohlich erfahrenen Situation befindest, dann rede dir auf realistischere und positivere Weise zu, etwa: »Um gemocht zu werden, muss ich nicht perfekt sein«, oder: »Es ist in Ordnung, Angst zu haben, das ist nur menschlich«.

Top-Tipp 3
Mach dir bewusst, wie groß die Bandbreite dessen ist, was in sozialen Situationen als »normal« gelten kann. Stell dir eine Gruppe von Menschen bei einem gesellschaftlichen Anlass vor und wie viele verschiedene »akzeptable« oder »normale« Verhaltensweisen dabei vorkommen. Und wenn du das nächste Mal bei einem solchen Anlass die Menschen um dich herum beobachtest, wirst du dabei wahrscheinlich feststellen, dass viele von ihnen Anzeichen von Angst erkennen lassen. Angst ist Teil des Lebens, nicht anders als Glück, Traurigkeit und Zorn. Wenn sich deine Angst vor allem in gesellschaftlichen Kontexten zeigt, kann das aber sogar positive Aspekte mit sich bringen. Du kannst dadurch auf andere Menschen offener und empfänglicher wirken, und eine eher zurückhaltende Art kommt bei vielen gut an.

4.

SCHLAFLOSIGKEIT –
DAS »MIR GRAUT ES VOR
MORGEN«-GEFÜHL

Schlafenszeit (oje!)

Als meine Angstzustände auf ihrem Höhepunkt waren, waren die Nächte das Schlimmste für mich, ein richtiger Horrortrip. Von dem Moment an, als ich morgens »aufwachte« – der eher das Ende einer emotionalen Geisterbahnfahrt war –, fürchtete ich mich vor der Abenddämmerung, es war wie ein Countdown zum Jüngsten Gericht. Wenn man mental und emotional unter gewaltigem Stress steht, ist die Nacht kein lockerer Spaziergang. Nicht genug damit, dass du den Kopf noch voll hast von den Sorgen und Problemen des vergangenen Tages, es beschleichen dich schon Gedanken an das, was morgen kommt. Da kann es deinem Kopf gehen wie deinem Smartphone, wenn es »Speicher voll« anzeigt. Kein Wunder, dass sich so kein Schlaf einstellen will.

Welche Erfahrung hast du selbst mit diesem Thema gemacht? Kannst du dich an ein Nickerchen erinnern, nach dem du so richtig ausgeruht warst (denke an den »Best Nap Ever« von Joey und Chandler in *Friends*), oder daran, einmal eine ganze Nacht durchgeschlafen zu haben? Ich meine die Art von Murmeltierschlaf, bei dem du in derselben Position aufwachst, in der du acht Stunden zuvor eingeschlummert bist – das ist einfach himmlisch. Es gibt wohl nichts Schöneres und Erholsameres als einen so richtig guten Nachtschlaf. Das ist das Paradies.

Kannst du dich umgekehrt erinnern, einmal eine so richtig grauenvolle Nacht im Bett verbracht zu haben – nein, nicht, was du jetzt denkst! Vielleicht geht es dir ja wie mir, und du wachst immer wieder aus aufwühlenden Träumen auf oder gibst dir auf dem Klo quasi selbst die Klinke in die Hand. Dann willkommen im Klub der Schlaflosen! In dem Fall ist es dringend nötig, etwas an deiner Schlafqualität zu verbessern und dir eine fette Dosis Selbstfürsorge zu verordnen. Warum das so wichtig ist? Weil unsere körperliche und seelische Gesundheit darunter leidet, wenn wir schlecht schlafen, was alle möglichen unerfreulichen Symptome nach sich ziehen kann, wie Depressionen oder Zwangs-, Ess- und Angststörungen.

Meine Geschichte

. . . .

Über diesen Teil meiner Geschichte zu sprechen ist für mich wohl der schwerste und schmerzlichste Part, weil er emotional von mir am meisten preisgibt. Aber wie ich es im ganzen Buch halte, will ich auch hier vollkommen offen und aufrichtig sein. Gerade darum geht es ja: dir einen *realen* Einblick zu vermitteln, wie man sich mit einer Angststörung fühlt, und keine geschönte Version meiner Erfahrung mit dieser komplexen Symptomatik, die jeden von uns jederzeit treffen kann.

Als ich mit meinen Angstzuständen und Panikattacken zu kämpfen hatte, war der Schlafmangel wohl mit am schlimmsten. Wenn du kaum oder gar nicht schläfst, verschlimmert das die Angst, die Panik und die Depressionen noch zusätzlich. Du hast kaum noch Energiereserven, bist mit deinen Kräften völlig am Ende, und dein ganzes System – mental, emotional und physisch – steht kurz vor dem Zusammenbruch. Nicht umsonst ist tagelanger Schlafentzug eine Foltermethode, denn der permanente Schlafmangel treibt dich buchstäblich in den Wahnsinn. Er macht dich zum kompletten Schatten deiner selbst.

Zum Glück ist es hier nicht ganz so dramatisch, obwohl jeder, der schon einmal mit Schlaflosigkeit zu tun hatte, nachempfinden wird, dass es sich durchaus wie Folter anfühlen kann … mit dem Unterschied, dass sie nicht von außen auferlegt, sondern selbst gemacht ist. Trotzdem hast du das Gefühl, dagegen machtlos zu sein, was in gewisser Weise kaum weniger schlimm ist als reale Folter.

Meine Angstzustände und Panikattacken haben sich über Monate hinweg zusammengebraut. Es war diese Kombination aus einer aufreibenden Beziehung und meinem Hang, es bei der Arbeit und in meinem Privatleben allen recht machen zu wollen, die mich zu einer tickenden Zeitbombe aus Ängsten und Depressionen machte. Es kostete mich so viel Zeit und Energie, fremden Anforderungen gerecht zu werden, dass für mich selbst so gut wie nichts übrig blieb. Und das, liebe Leute, ist nicht gerade ein Rezept für seelische Ausgeglichenheit. Das Hauptproblem aber war, dass ich das Ganze nicht habe kommen sehen. Mir war zwar schon klar, dass ich mich dreckig fühlte; aber während ich weiter funktionierte und mich dabei gerade so über Wasser hielt, bekam ich einfach nicht mit, wie ich mich immer weiter erschöpfte. Um es in eine Szene aus einem Cartoon zu übersetzen: Mein Geist war wie eine Dynamitstange, die mit brennender Lunte an einem rasenden Zug befestigt ist und kurz davor ist, hochzugehen.

Aber was hat mein Schlafmangel damit zu tun? Und in welchem Zusammenhang steht er mit meiner Angststörung? Nun, nachdem ich bereits über längere Zeit täglich diese Angstschübe gehabt hatte, übernahm ich außerhalb von London einen neuen Fernsehjob. Es war ein großer zusätzlicher Aufwand, und ich musste häufig hin und her pendeln, um außerdem bei den Dreharbeiten zu *Toonattik* in London anwesend zu sein. Wie ich sofort dazusagen muss, war das allein meine Entscheidung, und im Nachhinein weiß ich jetzt, dass ich damals VIEL besser auf mich hätte aufpassen sollen.

In dieser Zeit wohnte ich viel im Hotel, und mein damaliger Freund, mit dem ich eine On-off-Beziehung führte und der sich nicht gerade als der kompatibelste Partner erwies, kam manchmal zu Besuch. Mit den zwei Jobs, die ich unter einen Hut bekommen musste, lagen meine Nerven ohnehin schon blank, und nun kam noch der Beziehungsstress dazu. Warnzeichen gab es also genug, aber unerfahren wie ich damals war, gelang es mir nicht, sie zu erkennen, geschweige denn, etwas gegen die Auslöser zu unternehmen.

Früher habe ich mir immer etwas darauf eingebildet, gut zu schlafen, und es war für mich ganz selbstverständlich, pennen zu können, wo immer ich mich befand. Schon als Kind konnte ich während der holprigsten Autofahrten einschlafen und auch später noch auf dem Rücksitz eines Taxis einen kurzen Powerschlaf halten. Bis dahin wusste ich nicht mal, was Schlafstörungen sind, und erst jetzt erfuhr ich am eigenen Leib, was es heißt, davon geplagt zu sein.

Ich fing an, mir um meinen Schlaf Sorgen zu machen. Dabei war es ein allmählicher Prozess ... Anfänglich bemerkte ich es gar nicht, bis ich eines Tages plötzlich ein echtes Problem hatte, das wiederum Angst- und Panikattacken nach sich zog.

Eines Abends legte ich mich in der Hoffnung auf eine erholsame Nacht, die ich mehr als nötig hatte, in mein Hotelbett, denn vor mir lag ein anstrengender Arbeitstag. Zufällig wollte an diesem Abend auch mein On-off-Freund vorbeikommen, um bei mir zu übernachten. Wie gesagt, es war eine schwierige Situation, und ich hatte eine Menge um die Ohren, sodass ich nicht besonders entspannt war. An diesem Abend war ich früh und allein ins Bett gegangen, weil ich dringend Ruhe brauchte und von der Welt nichts mehr wissen wollte.

Ich war gerade weggedöst, als in einem anderen Zimmer des Hotels mit einem lauten Knall die Tür zuschlug. Ich schreckte hoch und saß aufrecht im Bett. Niemand war daran schuld, aber dieser an sich harmlose Vorfall gab meinen ohnehin schon strapazierten Nerven den Rest. Die Lunte an der Dynamitstange war abgebrannt, und es machte »bumm«. Ich war blitzartig hellwach und befand mich sofort im Kampf-oder-Flucht-Modus. Und was dann kam, kann ich nur als handfeste Panikattacke beschreiben, die in meinen Körper einschlug wie eine Bombe. Damals hatte ich keine Ahnung, was zum Teufel mit mir los war. Ich fühlte mich einfach nur grauenhaft, so, als ob ich sterben würde, und war starr vor Angst. Ich war allein und brauchte dringend jemanden, der mich in den Arm nehmen und beruhigen konnte.

Benommen und völlig durch den Wind taumelte ich zur Tür und rannte zu meinem Auto, das ich vor dem Hotel abgestellt hatte. Dann stand ich völlig konfus da, ohne zu wissen, wohin ich mich wenden sollte. Es war zwei Uhr morgens, es schneite, ich war im Pyjama in einer fremden Stadt. Irgendwie fand ich den Weg zurück zu meinem Hotelzimmer, und als die Panikgefühle langsam nachließen, kauerte ich mich in der Embryohaltung auf dem Sofa zusammen. Inzwischen war auch mein Freund gekommen, er schnarchte ahnungslos im Bett vor sich hin.

In diesem Moment wurde mir klar, dass ich Trost und das Gefühl von Sicherheit brauchte, einen vertrauten Menschen, der mir sagen konnte, dass alles in Ordnung ist und ich nicht allein in der Fremde sterben würde ... Und so rief ich meine Mutter an.

Damals war es mir nicht bewusst, aber dieser nächtliche Anruf, in dem ich meine liebe Mutter um Trost anflehte, war nur der Anfang. Der Anruf bei meiner Mutter wurde für mich zu einem Notanker, auf den ich mich in den darauffolgenden Monaten verließ – und um ehrlich zu sein, tue ich das noch immer bis zu einem gewissen Grad, wenn ich auch darauf achte, dass es zu einer zivilisierteren Uhrzeit geschieht.

Ich bin mir sicher, dass sie zu Tode erschrocken ist, aber als ich sie in dieser denkwürdigen Nacht anrief, ließ sie sich nichts davon anmerken und sprach ganz ruhig mit mir, um mich von meiner massiven Panikattacke herunterzubringen. Auch das wusste ich damals nicht, aber meine Mutter hatte nach einer Fehlgeburt selbst schon einmal ausgiebig mit Panikattacken zu tun gehabt. Und als sie mich nun hörte, war ihr sehr schnell klar, was mit mir los war – und Gott sei Dank war ihr das klar, denn ich selbst hatte keinen blassen Schimmer.

Als die Panikattacke ihren Höhepunkt erreicht hatte, flaute sie allmählich wieder ab, und gegen Morgen fiel ich auf der Couch in einen dumpfen Erschöpfungsschlaf. Über die nächsten Monate sollte ich nun aber Bekanntschaft mit dem machen, was man Konditionierung durch »erlerntes Verhalten« nennt, denn von nun an geriet ich jedes Mal in eine Spirale der Angst, wenn ich ins Bett gehen wollte. Die Panikattacke, die ich im Bett erlebt hatte, war SO grauenhaft, sie ließ mich SO allein und hilflos fühlen, dass ich allen Grund hatte, mich vor einer neuen zu fürchten. Mich hatte die Angst davor erfasst, erneut eine Panikattacke zu haben, wenn ich allein war und in meinem Bett lag. Die Angst hatte sich verselbstständigt, und damit war meine »Angststörung« geboren.

Bei meinen Klienten verwende ich viel Zeit darauf, gemeinsam mit ihnen die Auslöser für bestimmte Verhaltensweisen und Symptome festzustellen. Fast immer gibt es solche Auslöser, und weil ich sie bei mir selber kenne, weiß ich eher, wo man nach ihnen suchen muss, um sie ans Licht zu bringen und zu bearbeiten. Auch in meiner eigenen Therapie war das ein ganz wesentlicher Teil, den ich im Rückblick nicht missen möchte.

Und damit zurück zu dieser ersten Panikattacke in einem Hotelzimmer, weit weg von der Sicherheit und Vertrautheit meiner gewohnten Umgebung. Sie wurde zum Auslöser für eine Reihe von negativen Verhaltensmustern wie die Schlafphobie, die bald über meinen Tagesablauf bestimmte. Ich entwickelte den Zwang, zu einer ganz bestimmten Zeit im Bett zu sein, und rechnete ständig nach, wie viele Stunden Schlaf mir blieben. Jeden Nachmittag gegen sechs Uhr, wenn die Schlafenszeit langsam näherrückte, spürte ich die Angst in der Brust aufsteigen, und mit jeder Minute, die verstrich, wurde es schlimmer und schlimmer.

Als es dann an der Zeit war, zu Bett zu gehen – ich hatte mir selbst die Regel auferlegt, Punkt neun Uhr das Licht auszumachen –, waren mein armer Körper und Geist so in Aufruhr und überreizt, dass an Schlaf natürlich überhaupt nicht zu denken war. Außerdem hatte ich an dem fraglichen Abend gerade ein fettes Drehbuch für den nächsten Tag auswendig gelernt, und mein Kopf war ein einziger Tumult aus Worten und Regieanweisungen. All das waren kaum geeignete Voraussetzungen, um zu entspannen und den Schlaf zu finden, den ich so dringend brauchte.

Ich legte mich ins Bett, alleine (inzwischen hatte ich mich wieder für ein Singledasein entschieden), machte das Licht aus … wartete … und dann … ZACK! Was ich in dem Hotelzimmer erlebt hatte, trieb ein weiteres Mal sein Unwesen mit mir … es war wie eine Welle, die von ganz unten aus meinem Bauch aufstieg und mir dann mit der Wucht und Heftigkeit eines rot glühenden Schürhakens in den Oberkörper fuhr. Dann lag ich da im Dunkeln und hatte eine Höllenangst. Was tat ich also? … Genau, ich rief meine Mum an, um von ihr die besänftigenden Worte zu hören, die der Panik wenigstens die Spitze nehmen konnten.

Der Anruf bei meiner Mutter half, und ich fühlte mich nicht mehr ganz so allein, aber mit so viel Adrenalin im Blut kam ich danach nicht einfach zur Ruhe. Ich wälzte mich stundenlang im Bett, quälte mich von einer Stunde zur nächsten, bis ich schließlich vor lauter Erschöpfung einschlief.

Ich versuchte es mit pflanzlichen Schlafmitteln und in meiner Verzweiflung auch mit richtig heftigen Schlaftabletten. Nichts davon half wirklich, und das einzige Ergebnis war, dass ich am nächsten Tag noch fertiger war. Nachdem ich schon eine Weile unter Angstschüben gelitten hatte und mehr schlecht als recht mit ihnen umgegangen war, trieben mich nun die abendlichen Panikattacken im Bett und der daraus resultierende Schlafmangel geradewegs auf meinen »Meltdown Day« zu. Wenn ich jetzt bei meinen Klienten sehe, dass sie durch ihre Angstzustände offensichtlich an einen kritischen Punkt geraten, erkundige ich mich regelmäßig nach ihrem Schlafverhalten, um festzustellen, a) wie viel Schlaf sie bekommen, und b) wie es um ihre Schlafqualität steht – weil auch das von entscheidender Bedeutung ist. Aus eigener Erfahrung weiß ich, wie wichtig es ist, das Thema Schlaf und Schlafgewohnheiten in den Griff zu bekommen, denn das kann ganz erheblich dazu beitragen, die eigenen Ängste in Schach zu halten.

Als Erstes müssen wir also dafür sorgen, dass du vernünftig schläfst.

Guter Schlaf – schlechter Schlaf

Bestimmt kennst du von anderen den Satz, dass sie »so richtig gut geschlafen« haben, und nicht minder die Aussage, dass die Nacht »einfach grauenhaft« war. Zumindest unter Briten gehört es zum guten Ton, neben dem Wetter auch den Schlaf der vergangenen Nacht zu kommentieren, das gilt sozusagen als Index für die Tagesform.

Wenn man sich einmal näher betrachtet, was Schlaf eigentlich ist, dann kann es ebenso interessant wie aufschlussreich sein, zu sehen, wie Schlafqualität und Schlafphasen mit unserer Stimmung und Leistungsfähigkeit am nächsten Tag zusammenhängen.

Es gibt verschiedene Schlafphasen, die wir in der Nacht durchlaufen. Ich will dir hier die ausführliche Version ersparen und nur so viel sagen, dass es davon im Wesentlichen zwei gibt: die Tiefschlafphase und die Traumphase, auch als REM-Phase (Rapid Eye Movement) bekannt. Beide sind gleich wichtig und treten in verschiedenen Stadien des Schlafzyklus auf.

Planen – vorbereiten – zur Ruhe kommen

Wenn wir Aussicht auf einen guten Nachtschlaf haben wollen, müssen wir uns erst einmal in den entsprechenden Zustand versetzen. Das können wir erreichen, indem wir besser auf uns selbst achten und hier und da einige Veränderungen vornehmen:

☺ PLANEN – Du musst dir hier kein stressiges Mega-Einschlafprogramm zurechtlegen, das stünde auch im Widerspruch zu dem Ziel, in eine ruhige und entspannte Verfassung zu kommen. Aber mach dir Gedanken darüber, wie du deinen Abend gestalten willst, welche Dinge noch erledigt werden müssen, einschließlich sozialer Verpflichtungen. Verschaffe dir ein ungefähres Bild davon, was getan werden muss, und vor allem, was nicht – was kann bis morgen warten?

Mit einer groben Planung deines Abends, die auch realistisch sein sollte, stellst du sicher, dass du dir nicht zu viel vornimmst. Damit verschaffst du dir die nötige Zeit, um herunterzukommen, bevor du ins Bett gehst, und gibst deinem Körper und deinem Geist Gelegenheit, in einen entspannten und schläfrigen Zustand zu kommen.

☺ VORBEREITEN – Bei vielen Dingen im Leben ist die richtige Vorbereitung das A und O. Das gilt auch für den Nachtschlaf, der nicht anders als die sonstigen Aktivitäten des Tages von ein wenig Struktur profitiert.

Nachdem du deinen Plan erstellt hast, überlege dir, wie du ihn konkret umsetzen willst. Wenn du noch Dinge zu erledigen hast, überlege dir, wann du das im Lauf des Tages/Abends tun willst, um rechtzeitig damit fertig zu sein, also lange genug vor dem »Runterkommen«.

Geh rechtzeitig offline und mach dich auch sonst am Abend unerreichbar, vor allem in der Stunde vor dem Zubettgehen. Sag notfalls anderen Bescheid, dass diese abendliche Auszeit für dich aus beruflichen oder persönlichen Gründen wichtig ist. Widerstehe der Versuchung, bis in den späten Abend hinein noch auf E-Mails oder Posts in den sozialen Medien zu antworten – das kann auch bis zum Morgen warten. Nimm dir diese Zeit, um körperlich und mental zur Ruhe zu kommen. Lass deinen Geist still werden und entspannen. Jeder Mensch hat das Recht auf Rückzug, nimm dir also guten Gewissens diese Zeit, du hast sie dir verdient.

☺ ZUR RUHE KOMMEN – Beschäftige dich mit Dingen, die dir ein Gefühl von Ruhe und Ausgeglichenheit geben. Wenn unser Körper zur Ruhe kommt, dann kommt auch der Geist zur Ruhe. Sorge auch dafür, dass es innerhalb deiner eigenen vier Wände so still wie möglich ist.

Tu etwas, das dir ein möglichst tiefes Gefühl von Frieden vermittelt – nimm etwa ein schönes heißes Bad bei Kerzenlicht, höre dir entspannende Musik oder eine Radiosendung an oder lies in deinem Lieblingsbuch. Erteile dir selbst die Erlaubnis, dich aus der Tretmühle des Alltags herauszunehmen, und genieße deine Zeit zum Runterkommen.
Wenn du dich ausreichend entspannt und hoffentlich auch müde fühlst, mach dich bettfertig und lass dabei das ent-

spannte Gefühl in dir weiterwirken, bis du so weit bist, dich ins Bett zu legen. Schlaf schön!

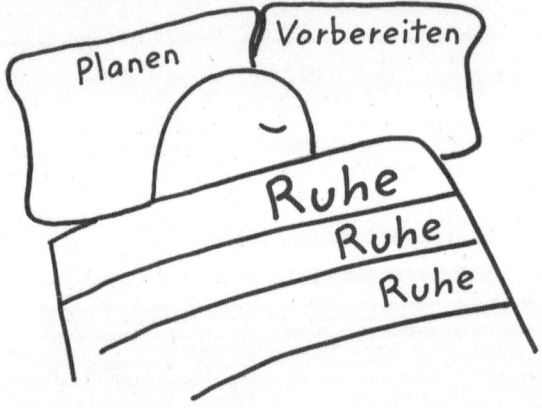

Die Tiefschlafphase ist wichtig für die Regeneration des Körpers und seiner Funktionen, die tagtäglicher Beanspruchung ausgesetzt sind, wie Muskeln, Gehirnzellen und unser Immunsystem. Die Traumphase (REM-Phase) ist zuständig für den emotionalen Ausgleich, den unser Körper und unser Geist jeden Tag brauchen.

Bei einem gesunden Schlafmuster, das dich am nächsten Tag ausgeruht und entspannt aufwachen lässt, bereit, dich den Herausforderungen des Tages zu stellen, folgt auf eine 90-minütige Tiefschlafphase die erste »Traumfolge«. Im Lauf der Nacht nimmt die Häufigkeit der Traumphasen dann zu, während die der Tiefschlafphasen abnimmt. Kurz vor dem Aufwachen durchlaufen wir normalerweise eine Traumphase, weshalb wir uns oft an unseren letzten Traum erinnern können.

Was hat das nun aber alles mit der Angst zu tun? Nun, wenn uns Ängste, Sorgen, Probleme oder ungelöste Konflikte beschäftigen, dann ist dieser superwichtige regenerierende Tiefschlaf zu Beginn unseres Schlafzyklus beeinträchtigt, und die Traumphase setzt viel früher ein, um die unbewältigten Emotionen und den inneren »Erregungs«-Zustand zu verarbeiten. Was wir tagsüber emotional nicht »loswerden«, wird dann in der Traumphase aufgearbeitet. Wenn wir im Lauf des Tages einen großen Ballast an Stress anhäufen, zu dem dann noch die sorgenvollen Gedanken an den nächsten Tag kommen wie »Werde ich es rechtzeitig zum Meeting schaffen?«, »Was, wenn ich diesen Monat die Raten nicht zahlen kann?«, »Was, wenn ich morgen völlig unausgeschlafen bin?« –, dann kann man sich denken, was dieser arme Abschnitt unseres Schlafzyklus abzuarbeiten hat.

Der richtige Anteil an Traumphasen ist eine fabelhafte Sache, weil er ausgleichend auf unser emotionales Grundgerüst wirkt. Wenn es aber zu viel des Guten ist, können wir uns danach völlig gerädert fühlen, sodass wir vielleicht noch müder aufwachen, als wir zu Bett gegangen sind. Stell dir vor, du bist völlig erledigt von einer Nacht, in der sich deine Traumphasen nur so ausgetobt haben, und dir schwirren noch immer die Sorgen vom Vorabend im Kopf herum. Vielleicht bist du auch wegen der zu früh einsetzenden Traumphase immer wieder mitten in der Nacht aufgewacht. Angesichts dieser Überlastung deines Gehirns ist es naheliegend, dass dann auch verstärkt Ängste und Depressionen auftreten.

Je länger dieser Zustand anhält, desto mehr wirst du die Auswirkungen des schlechten Schlafs zu spüren bekommen. Wenn deine Schlafqualität und -architektur auf Dauer zu wünschen übrig lassen, geraten Körper und Geist durch all die Stresshormone immer mehr unter Druck, und dieser permanente Raubbau fordert irgendwann seinen Tribut.

Ich hatte einmal einen Klienten, der regelmäßig einmal pro Woche eine grauenhafte Nacht durchlebte. Was ihm den Schlaf raubte, war der Stress im Job, der ein solches Ausmaß angenommen hatte, dass sein »Arbeitsspeicher« ausgereizt war. Er hatte dann die ganze Nacht Angstzustände, wüste Träume und war immer wieder wach. Als wir uns seine typischen Gedankengänge und alltäglichen Verhaltensmuster näher ansahen, stellten wir fest, dass sich der Druck seiner Probleme über eine Reihe von Tagen immer weiter aufbaute, ohne dass es ein Ventil für den aufgestauten Ärger gab oder er selbst für einen Ausgleich sorgte. Das Ergebnis war dann dieses bestens eingeübte fragmentierte Schlafmuster. Im Verlauf der folgenden Wochen arbeiteten wir mit einigen der Tipps aus diesem Buch, damit er seine Gedanken, Emotionen und nicht zuletzt seine Zeitgestaltung so weit in den Griff bekam, um sich aus eigener Kraft gesündere Schlafgewohnheiten zulegen zu können. Es dauerte nicht lange, und was soll ich sagen, abgesehen von den Malen, bei denen er in seine alten Gewohnheiten zurück-fiel (nobody's perfect), erfreute er sich von da an eines konstant guten Schlafes.

Was also kannst *du selbst* tun? »Entrümpele deinen Kopf«, das heißt, lerne, alle aufgestauten Emotionen und noch in dir nachklingenden Ereignisse oder Grundstimmungen des Tages – und zwar sowohl positive als auch negative – so gut es geht loszulassen. Auf diese Weise gelingt es dir am ehesten, in einen konstruktiven Zustand der Bettschwere zu kommen, der die bes-te Voraussetzung für einen ungestörten Nachtschlaf ist.

Hilfe! Ich kann nicht schlafen ...

Es gibt Zeiten, in denen man einfach keinen Schlaf findet. Viel-leicht hat die Summe der belastenden Gedanken bei dir einen Punkt erreicht, an dem es mehr als eine Nacht braucht, um dich halbwegs wieder einzukriegen. Vielleicht hast du auch kürzlich Nachwuchs bekommen, der dich die halbe Nacht auf Trab hält, sodass du am nächsten Tag als Zombie durch die Gegend läufst (als werdende Mutter bin ich in dieser Hinsicht bereits auf alles gefasst!). Oder du hast Schichtdienst und deine liebe Not damit, mit deiner inneren Uhr nachzukommen, an der stän-dig gedreht wird, sodass dein Schlaf stark beeinfluss ist.

Das Wichtigste ist jetzt, sich deswegen nicht verrückt zu ma-chen. Leichter gesagt, als getan. Aber wie wir aus diesem Ka-pitel bereits wissen, sind Stress und Sorgen gleichbedeutend mit Angst und Schlaflosigkeit. Wir sollten die Angelegenheit also so schnell wie möglich in den Griff bekommen.

Was tun? Wie gelingt es, diesen gebeutelten, übermüdeten und widerspenstigen Körper und Geist ins Land der Träume zu versetzen? Und was, wenn der Schlaf ständig unterbrochen ist, was noch mehr schlauchen kann, als überhaupt nicht zu schlafen?

Zunächst einmal ist es wichtig zu wissen, wann es an der Zeit ist, das Handtuch zu werfen, und wann nicht. Wenn du dich Stunde um Stunde hellwach im Bett wälzt, ist das gleichbedeutend mit dem Versuch, Candy Crush zu Ende zu spielen. Das ist absolut aussichtslos und frustrierend und führt nur dazu, dass die Gedanken endlos kreisen. Wenn du bereits länger als eine Stunde im Bett liegst, ohne dass sich in deinen Augenlidern auch nur ein Hauch von Schläfrigkeit bemerkbar macht, dann stehst du am besten auf. Aber jetzt heißt es aufpassen, dass du dein Gehirn nicht mit einer Beschäftigung fütterst, für die aufzustehen sich lohnt – du würdest einem kleinen Kind ja auch keinen Schokoriegel als Belohnung dafür hinhalten, dass es beschließt, die Nacht zum Tag zu machen. In dem Fall kommt nämlich beim Gehirn die Botschaft an: »*Oh, super, jedes Mal, wenn ich nicht schlafe, bekomme ich was Feines.*« Dadurch schleift sich nur ein abträgliches Verhaltensmuster ein, bei dem sich dann vielleicht jedes Mal, wenn du nicht schlafen kannst, dieselben wenig schlafförderlichen Gedanken einstellen, weil dein Gehirn sich jetzt »darauf freut«, wach zu sein.

Tu also etwas möglichst Langweiliges und Unspektakuläres, etwas, das dich nicht noch zusätzlich aufputscht. Vielleicht kannst du die Reset-Taste drücken, indem du dein Einschlafritual nochmals durchgehst, also dir die Zähne putzt, aufs Klo gehst, einen frischen Schlafanzug anziehst und dein Bettzeug aufschüttelst, um es wieder frisch und einladend aussehen zu lassen. Mach dabei möglichst wenig Licht, um dein Gehirn nicht noch mehr zu stimulieren, und bewege dich bei allem, was du tust, in einem sehr gemächlichen Tempo, um deinen Körper auf Ruhe einzustimmen. Auch deine »schläfrige« Bewegungsweise signalisiert deinem Gehirn, dass Schlafenszeit ist.

Übungsalarm

Den Stress ausatmen

Die Konzentration auf den Atem ist eine wunderbar einfache Möglichkeit, sich schnell zu entspannen. Wer angespannt und ängstlich ist, neigt dazu, flach und schnell zu atmen, was ein absolutes No-Go ist, wenn es darum geht, Geist und Körper zur Ruhe zu bringen. Diese einfache Übung kann uns in jeder Alltagssituation wieder ins Lot bringen, eignet sich aber auch sehr gut als Einstimmung für die Übung im Anschluss.

Zieh dich an einen ruhigen Ort zurück, an dem du für ein paar Minuten im Sitzen, Liegen oder Stehen üben kannst. ☉ Bring deine Aufmerksamkeit zur Atmung und nimm deren Ablauf wahr. ☉ Achte auf jeden einzelnen Atemzug und verlängere dann, während du seinem An- und Abschwellen folgst, zuerst die Einatmung und dann die Ausatmung. Atme dabei langsam durch die Nase so lang und tief wie möglich ein (bis tief hinein in den Unterbauch) und lass dann den Atem ebenso langsam und gleichmäßig durch den Mund ausströmen, bis du alle Luft ausgeatmet hast. ☉ Bleibe bei dieser Art zu atmen, bis du deinen Rhythmus gefunden hast, und achte dabei weiterhin darauf, wie der Atem kommt und geht. Stell dir beim Einatmen vor, wie mit dem Atem alle guten Dinge (Friede, Stille, Zuversicht) in dich einströmen und deinen ganzen Körper erfüllen. Stell dir beim Ausatmen vor, wie all das, was dich plagt (Stress, Ängste, Sorgen), mit dem Atem aus dir herausströmt und deinen Körper verlässt. ☉ Versuche, diesen Atemrhythmus über fünf bis sechs Atemzüge beizubehalten und dabei die ganzen emotionalen Schlacken auszuatmen. Anschließend solltest du dich ruhiger, entspannter und mehr in deiner Mitte fühlen.

Übungsalarm

Der beste Schlaf der Welt

Sich vor dem Schlafengehen und vor allem im Bett selbst in einen »konstruktiven Zustand« zu bringen ist eine wesentliche Voraussetzung, um den ersehnten Schlaf zu finden. Führe diese Visualisierung allabendlich aus – je mehr du dich darin übst, desto intensiver und wirksamer werden die positiven Gefühle sein.

Sorge für eine angenehme Zimmertemperatur (es sollte nicht zu warm sein) und für gedämpftes Licht. Wenn du bereits die richtige Bettschwere hast, machst du das Licht vielleicht besser ganz aus. ☺ Nimm im Bett eine bequeme Körperhaltung ein und liege entspannt mit geschlossenen Augen da. Nimm die Umgebungsgeräusche (vom Verkehr oder der Uhr) wahr. Wenn du dich in völliger Stille nicht wohlfühlst, kannst du »zum Trost« vielleicht auch ein wenig leise Musik oder Radio laufen lassen. ☺ Konzentriere dich auf die Atmung und nimm einen langen, tiefen Atemzug. Atme so tief wie möglich durch die Nase ein und dann sanft durch den Mund aus. Das hilft dir dabei, noch tiefer zu entspannen. ☺ Nun möchte ich, dass du kreativ wirst und deine Fantasie einsetzt. Mach dir keine Sorgen, falls dir diese Art, mit inneren Bildern zu arbeiten, bislang fremd ist. Lass es einfach fließen und schau, welche Bilder in dir aufsteigen – es gibt hier kein Richtig oder Falsch. Du wirst dabei drei Sinnesebenen einsetzen: die visuelle (Augen), die auditive (Ohren) und die kinästhetische Ebene (innere Wahrnehmung). ☺ Stell dir vor, wie dein Schlaf aussehen soll. Erschaffe in deinem Geist das beste Bild davon, das du dir ausmalen kannst. In welcher Umgebung hast du den besten Schlaf aller Zeiten? Vielleicht liegst du dabei auf einer flaumigen Wolke oder am Strand unter den Sternen oder auf einem sündhaft teuren, seidenweichen, riesengroßen Himmelbett. Stell dir alles so intensiv und lebendig wie möglich vor. Spiele auch ein wenig mit den Lichtverhältnissen und gestalte sie so entspannend, wie es dir beliebt. Vielleicht ein sanfter Farbton oder ein mildes Abendlicht. ☉ Füge dieser wunderbar entspannenden Szene als Nächstes auch Geräusche hinzu. Was für Geräusche könnten das sein, die dich noch mehr in die Entspannung bringen und schläfrig werden lassen? Vielleicht hörst du den Ruf einer Eule oder das besänftigende Geplätscher von Regentropfen oder auch das sanfte Rauschen des Meeres. Verbinde diese beruhigende Geräuschkulisse mit dem Bild, das du dir bereits ausgemalt hast. ☉ Wende deine Aufmerksamkeit schließlich nach innen. Erkunde die Empfindungen, die diese wunderbare Szene in dir auslöst, und lass sie noch intensiver werden. Vielleicht hast du ein angenehmes Gefühl von Wärme im Bauch oder verspürst eine besänftigende Kühle hinter der Stirn ... Nimm die Empfindungen wahr, genieße sie und tauche ganz in sie ein. ☉ Lass die Visualisierung, die du soeben geschaffen hast, in Ruhe auf dich wirken. Lass die Bilder, Geräusche und Empfindungen zusammenfließen und sich zu einer einzigen, wunderbar entspannenden Erfahrung verbinden, die ganz allein dir gehört. ☉ Gib dich dieser Erfahrung vollkommen hin, lass dich in die Szene und die damit verbundenen Empfindungen ganz hineinfallen. Überlasse dich dem natürlichen Fluss der Bilder und genieße den tiefen Zustand der Entspannung, in den dein Körper und dein Geist kommen, während du langsam einschlummerst. Gute Nacht.

Oder steh auf und tue etwas *wirklich* Todlangweiliges. Denke daran, dass wir unser Gehirn nicht ankurbeln und stimulieren wollen, tue also alles so gechillt wie möglich. Vielleicht kannst du es mit so etwas absolut Eintönigem wie Bügeln versuchen – je zweckloser, desto besser, indem du dir z. B. deine Socken oder Geschirrtücher vornimmst. Oder du räumst dein Bücherregal auf, sortierst den Inhalt deiner Schreibtischschublade oder polierst deine Gläser. Der springende Punkt dabei ist, das Gehirn mit einer möglichst uninteressanten Aufgabe quasi zu bestrafen und nicht etwa mit etwas Schönem wie einem Film, einem Computerspiel oder einem spannenden Buch fürs Wachsein zu belohnen. Auf diese Weise wird es schnell mitkriegen, dass, *wenn* du schon aufstehen musst, weil dich die Schlaflosigkeit dazu treibt, dabei ganz bestimmt nichts Interessantes für es abfällt. Alles, was es zu erwarten hat, ist ein stupides Pflichtprogramm, mit dem ihm hoffentlich schnell jede Lust darauf, wach zu sein, vergeht und sich die erwünschte Schläfrigkeit einstellt.

Hüte dich davor, den Wasserkocher anzustellen und dir eine Tasse Tee zu machen – und schon gar nichts Koffeinhaltiges, weil dich das nur noch wacher macht. Dasselbe gilt für Alkoholisches und/oder die Zigarette – all das sind Stimulanzien, die den Schlaf noch gründlicher vertreiben. Wenn du Durst hast, halte dich wieder an etwas Langweiliges wie ein Glas Wasser oder Milch. Auf jeden Fall aber solltest du zur Toilette gehen, bevor du dich wieder hinlegst.

Halte an deinem Tagesrhythmus fest. Steh zu einer bestimmten Zeit auf, egal, wie viel Schlaf du bis dahin bekommen hast oder nicht. Wie bei einem kleinen Kind stellt sich deine innere Uhr auf eine feste Routine ein, auch wenn sie anfänglich noch so schwerfällt. Der Körper übt dieses Verhaltensmuster ein und tut, was (und wann) man etwas von ihm verlangt, sodass er (hoffentlich) am nächsten Abend der Einladung zum Schlaf willig folgen wird. Den Körper und das Gehirn auf eine bestimmte Routine hin zu trainieren kann bei Schlafstörungen extrem hilfreich sein.

Falls Schlaf bei dir eher Glückssache ist, solltest du dir also deinen Lebensstil vornehmen und entsprechend anders einrichten. Wenn du schon vorher weißt, dass du nach einer Kneipentour am Wochenende vier Tage lang fertig bist, dann sei clever, denke perspektivisch und mach dir klar, was du dir unter Umständen damit einhandelst. Das soll nicht heißen, dass du nie mehr ausgehen und Spaß haben sollst, ganz und gar nicht – Spaß zu haben ist die beste Medizin gegen die Angst überhaupt. Aber nimm dir einen Moment Zeit, um dir zu überlegen, wie es dir wirklich damit geht und ob du, um dich und deinen Schlaf zu sanieren, nicht eher einen kleinen Wellness-Urlaub brauchen kannst als eine zweitätige Sauftour. Höre also auf deinen Körper. Wenn du dir die dringend benötigte Ruhe gönnst, kannst du damit für die vor dir liegende Woche einen ganz anderen Akzent setzen, als wenn du sie müde, ängstlich und vom Schlafmangel noch erschöpfter als zuvor beginnst.

Schlafstörungen können aber auch andere Ursachen haben. Manche von uns haben kleine Kinder zu Hause, die sie nachts wach halten, andere betreuen ein Familienmitglied oder leisten beziehungsfeindliche Schichtarbeit. Das ist hart, aber es ist auch wichtig, nicht den einsamen Helden zu markieren. Schlafmangel ist eine üble Sache, und du wirst feststellen, dass die meisten Menschen irgendwann im Leben schon einmal darunter gelitten haben. Mit anderen darüber zu sprechen kann manchmal hilfreich sein, um sich mit seinen dunklen Augenringen und schweren Gliedern nicht ganz so allein zu fühlen.

Ein *bisschen* Schlaf ist normalerweise besser als gar kein Schlaf. Überlege dir also, ob du eine halbe Stunde für ein Nickerchen oder eine Meditation einplanen kannst, um zwischendurch deine Batterien aufzuladen. Teile anderen dein Bedürfnis nach Ruhe mit, damit sie dir den Rücken freihalten und dir vielleicht auch die eine oder andere Pflicht abnehmen. Vielleicht kann sich jemand aus der Familie für eine Stunde um die Kinder kümmern, oder dein Partner nimmt dir einen Teil der Hausarbeit ab, während du dich für eine Weile aufs Ohr haust. Nimm in Zeiten der Schlaflosigkeit jede Unterstützung an, die du kriegen kannst. Sei kein Märtyrer und vergiss nicht, dass du erst einmal gut für dich selbst sorgen musst, bevor du damit beginnen kannst, für andere da zu sein.

Wenn du Schwierigkeiten hast, tagsüber zu schlafen, kann eine gute Meditations- oder Entspannungs-CD ausgesprochen hilfreich sein. Es gibt Belege dafür, dass der Erholungseffekt in vielen Fällen derselbe ist wie bei einem Mittagsschlaf. Es gibt heute eine Unzahl von Schlaf-Apps, Hörbüchern und Webseiten, die sich dem Thema widmen, finde also heraus, was bei dir am besten funktioniert.

Zu guter Letzt

. . . .

Hoffentlich hast du jetzt eine etwas bessere Idee davon, wie du zu einem erholsamen Nachtschlaf kommst und was du selbst tun kannst, um mit ungelösten Problemen oder aufgestauten Emotionen klarzukommen, bevor du in die Falle gehst.

Daneben gilt es noch ein paar Kleinigkeiten zu beachten, die du als eine »Checkliste« benutzen kannst, um sicherzugehen, dass du alles getan hast, um dich so gut es geht in den Schlafmodus zu versetzen:

Dos

- Bereite dich selbst so gut für die Nacht vor, wie du es mit einem Baby tun würdest. Nimm dir Zeit, um »runterzukommen«, nimm ein warmes Bad mit einem schönen Duftzusatz, lies ein gutes Buch (aber nichts Aufregendes und keine schwere Kost) oder eine Zeitschrift, bei der du nicht nachdenken musst.
- Sorge in deinem Schlafzimmer für die richtige Temperatur, es sollte nicht zu warm sein. Vielleicht lässt du auch das Fenster einen Spalt offen, um frische Luft hereinzulassen.
- Dunkle deinen Schlafraum so weit wie möglich ab, und benutze Jalousien oder Vorhänge, damit möglichst wenig Licht von außen einfällt.

Don'ts

- Benutze kurz vor dem Schlafengehen nicht mehr dein Handy oder Tablet. Das davon ausgehende Licht stimuliert dein Gehirn und versetzt es in den »Wachmodus«. Schalte deine Kommunikationsgerätschaften eine gute Stunde vorher aus, um auch deinem Geist Gelegenheit zum Abschalten zu geben.
- Nimm dein Handy nicht mit ins Bett. Es ist verlockend, es bei uns zu haben, um unsere Nachrichten zu checken oder um es als Wecker zu benutzen usw. Aber das macht uns nur seine Präsenz bewusst und kann damit unsere Entspannung und unseren Schlaf beeinträchtigen. Versetze es entweder in den »Flugzeugmodus«, damit es sich nicht ständig durch Tonsignale bemerkbar macht, oder lass es am besten ausgeschaltet in einem anderen Raum, wo dein Blick nicht darauf

fällt. Falls du nachts erreichbar sein *musst*, dann verweise alle, die es angeht, aufs Festnetz. Idealerweise solltest du aber nicht vor dem Morgen erreichbar sein.

- Benutze dein Schlafzimmer allein zum Schlafen und zu nichts anderem. Widerstehe der Versuchung, vom Bett aus fernzusehen, auf dem Bett zu Abend zu essen usw. Bewahre dir dein Schlafzimmer als einen behaglichen Ort des Rückzugs, damit dein Gehirn den Unterschied erkennt.

- Nimm nicht deine Sorgen und Ängste mit ins Bett. Leg dir neben dem Bett Notizblock und Stift bereit, damit du deinen »Kopf entrümpeln« kannst, bevor du dich schlafen legst. Wenn dir noch belastende Dinge im Kopf herumgehen, ist das der Tiefschlafphase nicht gerade förderlich. Schreib dir alles von der Seele, was dich plagt oder zu erledigen ist, und lass es dann bis zum nächsten Tag ruhen.

ELEKTRONIKFREIE ZONE

Dr. Reetta Newell sagt ...
Schlafstörungen

Ich bewundere Anna für ihre Ehrlichkeit und ihren Mut, sich Hilfe zu suchen. Damals muss sie sehr erschöpft und verängstigt gewesen sein, zumal wenn man ihre Schlaflosigkeit mitbedenkt. Den ersten Schritt zu tun und sich jemandem anzuvertrauen, zu sagen, dass man Hilfe braucht, kann sehr viel Überwindung kosten. Das gilt umso mehr, wenn du es gewohnt bist, dich »durchzubeißen«, und einen hohen Anspruch an dich selbst hast. Anna wandte sich an ihre Mutter, nachdem sie eine sehr bedrohlich klingende Panikattacke hatte. Vielleicht hast du ja auch jemanden, den du in einer solchen Situation um Beistand bitten kannst.

Möglicherweise gibt es aber auch umgekehrt jemanden in deinem persönlichen Umfeld, der sich mit seelischen Nöten an dich wendet. In diesem Fall lautet mein Rat, ruhig zu bleiben, wertungsfrei zuzuhören und offene Fragen zu stellen (wobei du dir über längere Gesprächspausen keine Gedanken machen solltest). Du musst keine Antworten kennen, wichtig ist vielmehr, da zu sein. (Im Anschluss an das Gespräch könnt ihr gemeinsam nach »Handlungsansätzen« suchen.)

Manchmal ist es nicht nur der Schlafmangel selbst, der die Angst verstärkt, sondern auch der *Gedanke,* nicht genug Schlaf bekommen zu haben. Sich um seinen Schlaf Sorgen zu machen kann das Problem verschlimmern. Der erste Schritt besteht darin, sich für die Zeit vor dem Schlafengehen eine sinnvolle Routine zuzulegen und praktische Probleme oder Gewohnheiten anzugehen, die den Schlaf beeinträchtigen können (Bietet dein Bett den nötigen Liegekomfort? Trinkst du abends noch Kaffee? Kann dein/deine Partner/-in etwas gegen sein/ ihr Schnarchen unternehmen?). Im nächsten Schritt geht es dann darum, sich der negativen Gedankengänge und Sorgen anzunehmen.

Top-Tipps für guten Schlaf

Top-Tipp 1
Lege die Gewohnheit ab, im Bett über Probleme zu grübeln. Viele Menschen machen sich Sorgen, wenn sie abends im Bett liegen, aber das ist kaum die richtige Zeit dafür! Dein Bett sollte für nichts anderes als Ruhe und Schlaf bestimmt sein.

Top-Tipp 2
Lerne zu entspannen, wenn du im Bett liegst. Betrachte es als deinen Hafen, als einen behaglichen Ort, der positive Gefühle in dir auslöst, und übe die Ganzkörper-Entspannungstechniken, die Anna in diesem und im siebten Kapitel beschreibt.

In den Übungsabschnitten stellt Anna verschiedene Möglichkeiten vor, im Bett in einen entspannten Zustand zu kommen. Eine meiner Lieblingsübungen, die ich häufig meinen Klienten empfehle, ist die Visualisierung mithilfe verschiedener Sinnesebenen (»Der beste Schlaf der Welt«). Wenn du dir deine optimale Schlafumgebung sinnfällig ausmalst, hilft dir das, dich auf den Augenblick zu konzentrieren, anstatt dich vom Gedankenkarussell mitreißen zu lassen.

Top-Tipp 3
Schreibe dir deine Gedanken und Sorgen auf und auch alle Dinge, die noch zu erledigen sind – was du auf dem Papier stehen hast, kannst du nicht vergessen. Du brauchst dich jetzt

nicht darum zu kümmern und kannst später darauf zurückkommen.

Schlussendlich musst du dir keine allzu großen Sorgen machen, wenn du ab und zu unter Schlafstörungen leidest. Bei
bestimmten Anlässen (etwa vor einer Prüfung oder einem Vor-
stellungsgespräch) ist das ganz normal. Die gute Nachricht ist,
dass schlaflose Nächte, solange sie nur gelegentlich vorkommen, die Leistungsfähigkeit offenbar nicht beeinträchtigen.

5.

SCHWERMUT, DEPRESSION UND PTBS – DAS »LASST MICH IN RUHE«-GEFÜHL

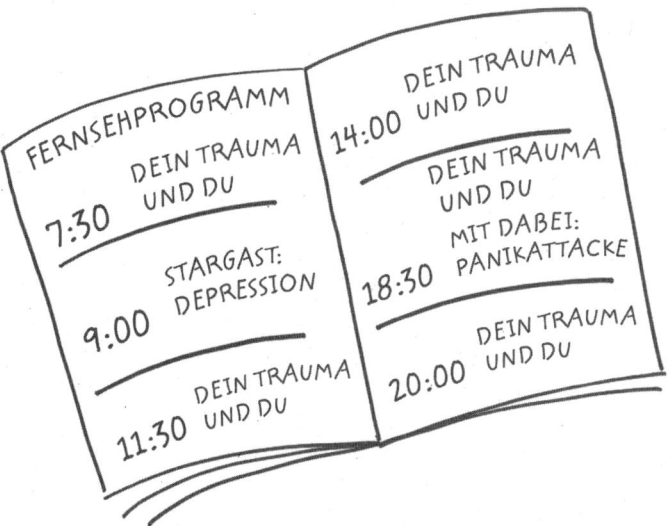

Annas Notfallbox

SEI MILDE MIT DIR SELBST Gerade wenn es uns nicht gut geht, sind wir manchmal besonders hart mit uns selbst, obwohl wir gerade dann eigentlich das Gegenteil tun sollten. Deine Gefühle sind wichtig und haben ihre Berechtigung, also sei nicht so unnachgiebig mit dir selbst und geh gut mit dir und deinen Bedürfnissen um.

SCHOTTE DICH NICHT AB Wenn wir uns den Dingen nicht mehr gewachsen fühlen, neigen wir dazu, uns einzuigeln und anderen aus dem Weg zu gehen. Achte darauf, ob auch du diese Tendenz hast, und überlege dir, was du tun kannst, um nicht allein zu sein (vielleicht auch ohne explizit um Unterstützung zu bitten). In wessen Gesellschaft und an welchen Orten fühlst du dich wohl?

REDEN HILFT Wenn es uns schlecht geht, kostet es uns manchmal sehr viel Energie, mit anderen darüber zu sprechen. Aber es ist eine hervorragende Möglichkeit, um angestaute Gefühle loszuwerden und negative Gedanken aus dem Kopf zu bekommen. Rede mit einem vertrauten Menschen oder schreib an dich selbst einen Brief, in dem du schilderst, wie es dir geht. Wie auch immer: Bringe es HERAUS.

Auf den Punkt gebracht: »Depressionen«

Depression. Ein grauenhaftes Wort, oder? Sobald man es ausspricht, hat es eine geradezu niederschmetternde Wirkung.

Schon seltsam, wie ein einzelnes Wort ein so starkes negatives Gefühl auslösen kann.

Trotzdem nehmen wir es nur zu gerne in den Mund, schlagen die Hände über dem Kopf zusammen und erklären mit dramatischer Leidensmiene, ja so »deprimiert« zu sein, wenn wir uns einen Fingernagel abgebrochen haben, versetzt worden sind oder die Hormone einen Tag lang verrücktspielen. Viele von uns machen sich der unstatthaften Verwendung schuldig, und da nehme ich mich selbst nicht aus. Wir denken uns nichts dabei, es ist einfach ein Wort, an dessen Gebrauch wir uns gewöhnt haben, ohne vielleicht seine genaue Bedeutung zu kennen.

Also, was bedeutet es nun *wirklich*, »depressiv« zu sein, wie fühlt es sich an, und aus welchen Gründen sind manche von uns davon betroffen? Ähnlich wie bei Angststörungen leidet gegenwärtig jeder Fünfte im Vereinigten Königreich unter Depressionen. Das ist ein stattlicher Anteil. Bei einer Gesamtbevölkerung von fast 65 Millionen sind das sage und schreibe 13 Millionen Menschen, die laut dieser Statistik unter Depressionen leiden.

Es kann viele Gründe geben, warum sich ein Mensch deprimiert fühlt, und es gibt sehr verschieden starke Ausprägungen, von einer leichten Verstimmung bis zur klinischen Depression oder bipolaren Störung. Nicht anders als Angststörungen, können auch Depressionen ganz unterschiedliche Schweregrade aufweisen, und es gibt eine Menge stigmatisierender Bezeichnungen dafür (und das steht wieder auf einem anderen Blatt).

Oft kommen Klienten zu mir, die von sich selbst sagen, dass sie unter Depressionen leiden, was durchaus der Fall sein kann. Wenn ich dann aber nachfrage, ob es sich dabei um eine bestätigte Diagnose handelt oder um das Ergebnis einer Google-Recherche, stellt sich in den meisten Fällen heraus, dass sie sich selbst die Diagnose gestellt haben, ohne eine klare Vorstellung davon, was Depression eigentlich ist.

Es kann also nicht schaden, der Sache ein wenig mehr auf den Grund zu gehen und dich zu fragen, wie es dir mit einer Reihe von Lebenssituationen ergeht. Für dich und deinen Hausarzt ergeben sich so klarere Anhaltspunkte, um sagen zu können, ob du wirklich Anzeichen einer Depression zeigst oder vielleicht nur eine Phase der Niedergeschlagenheit durchmachst oder unter Stress und Angstzuständen leidest. Auch das kann sich noch schlimm genug anfühlen. Aber es ist wichtig, genau zu wissen, woran du bist, damit du so bald wie möglich gezielt etwas dagegen unternehmen kannst, ohne vielleicht die heftigen Medikamente nehmen zu müssen, die bei einer echten Depression oft verabreicht werden.

Ich halte sehr viel davon, frühzeitig der Sache beizukommen, und weiß aus erster Hand, wie viel es bringen kann, wenn man sich bewusst wahrnimmt und auf die körperlichen und seelischen Signale achtet. Ich wünschte, ich wäre damals, vor all diesen Jahren, mehr bei mir selbst gewesen, um die Warnzeichen zu erkennen, die sich deutlich genug gezeigt haben, um dann rechtzeitig etwas zu unternehmen. Dann hätte ich es nicht so weit kommen lassen, bis aus dem anfänglichen Kriseln innerhalb weniger Monate ein einziges Martyrium wurde.

Ursachen der Depression

Meiner Erfahrung nach lassen sich psychische Störungen nicht über einen Kamm scheren, und erst recht gilt das für depressive Verstimmungen und Depressionen. Es gibt nicht den »Typ des Depressiven«. Die Depression macht keine Unterschiede, ebenso wenig wie Angstzustände und psychische Störungen im Allgemeinen. Jeden kann es jederzeit treffen, ob Kinder, Teenager, Erwachsene oder ältere Menschen, niemand ist davor gefeit, und niemand ist anfälliger als jemand anders. Wichtig ist daher, sich wegen seiner gedrückten Stimmung nicht auch noch selbst unter Druck zu setzen, denn das kann alles nur noch schlimmer machen.

Als ich selbst mit den Symptomen einer Angststörung und Depression zu kämpfen hatte, glaubte ich, nicht das »Recht« zu haben, mich so zu fühlen, wie ich mich fühlte, da es nichts gab, über das ich deprimiert sein konnte. Dadurch fühlte ich mich noch schlechter und kam noch mehr unter Druck. Heute weiß ich, dass ich nicht weniger das Recht habe als irgendjemand sonst, deprimiert zu sein, ohne mich deshalb schuldig fühlen, mich dafür schämen oder rechtfertigen zu müssen. Auch wenn ich (glücklicherweise) nicht jahrelang unter Traumatisierungen oder einschneidenden Ereignissen zu leiden hatte, denen man mit Fug und Recht nachsagt, dass sie für eine Depression »prädestinieren«, so habe ich doch meinen eigenen Erfahrungshintergrund, der nicht weniger Berechtigung hat als jeder andere auch.

Es gibt so viele Menschen, die sich schwer damit tun, zu akzeptieren, *weshalb* sie deprimiert sind. Das kann ich gut nachvollziehen, denn mir ging es genauso. Tatsache ist aber, dass niemand absichtlich depressiv ist, und kein Mensch, der bei Verstand ist, würde sich diesen Zustand freiwillig aussuchen. Aber es gibt im Leben Ereignisse und Stimmungslagen, die in eine depressive Verstimmung und negative Gedankengänge münden können.

Zu den offensichtlichen oder auch weniger offensichtlichen Ursachen dafür, dass Menschen in bestimmten Lebensphasen eine Depression durchmachen, zählen:

- äußere Lebensereignisse – Probleme in der Schule oder der Ausbildung, traumatische Erlebnisse wie seelischer oder körperlicher Missbrauch bzw. Gewalt oder berufliche Einschnitte wie Entlassung oder Mobbing

- Verluste – ein Todesfall im persönlichen Umfeld, der Tod eines geliebten Haustiers, Scheidung bzw. Trennung oder andere Lebenseinschnitte wie ein Umzug oder der Auszug der Kinder aus dem Elternhaus
- unterdrückte Wut – wird die emotionale Reaktion auf eine sehr belastende Situation oder ein aufwühlendes Ereignis »verdrängt«, können die unterdrückten Gefühle in Form einer Depression zum Ausdruck kommen
- Kindheitserlebnisse – Vernachlässigung, Konflikte zwischen den Eltern, Scheidung, sexueller, emotionaler oder körperlicher Missbrauch und andere traumatische Erlebnisse
- körperliche Ursachen – etwa Erkrankungen, die das Gehirn oder Nervensystem in Mitleidenschaft ziehen, geistige oder körperliche Behinderungen, Hormonstörungen, Schlafstörungen, Mangel- oder Fehlernährung
- medikamentöse Nebenwirkungen – zu den Nebenwirkungen von Narkosen und Medikamenten können auch depressive Episoden zählen
- Alkohol und Drogen – auch wenn sie vorübergehend die Stimmung heben mögen, können sie auf Dauer dazu führen, dass man sich zehnmal schlechter fühlt als zuvor
- Gene – Depressionen können sowohl durch genetische Einflüsse als auch erlerntes Verhalten von einer Generation zur nächsten weitergegeben werden.

Diese Liste enthält nur eine Auswahl der möglichen Ursachen für eine Depression, und ohne Frage existieren unzählige weitere, die uns vielleicht nicht einmal bewusst sind. Vielleicht hast du selbst schon deine persönliche Ergänzung vornehmen können. Möglicherweise hast du anfänglich selbst keine Ahnung, warum du dich schlecht fühlst, und auch das ist in Ordnung. Akzeptiere einfach, dass es dir jetzt so geht. Wenn du dann das Gefühl hast, der Sache weiter auf den Grund gehen zu wollen und zu können, kann das sehr hilfreich für das weitere Vorgehen sein.

Lass uns aber als Erstes in die bewusste Selbstwahrnehmung gehen. Dazu kannst du jederzeit die nachfolgende Übung machen. Wie ich finde, ist sie sehr gut dazu geeignet, im Kontakt mit uns selbst zu bleiben und uns über unsere Grundstimmung klar zu werden.

Was Depression NICHT ist und wie sie sich »anfühlt«

Wir müssen aber nicht nur verstehen, was genau Depression und Schwermut eigentlich ist. Genauso wichtig ist die Feststellung, was Depression und Schwermut *nicht* ist.

Wer vielleicht noch nie mit diesen unangenehmen Gefühlszuständen zu tun hatte, kann sich schwer damit tun, zu verstehen, was andere durchmachen. Meiner Erfahrung nach gibt es unter Angehörigen und Freunden von Betroffenen große Unklarheiten darüber, was Depressionen eigentlich sind und vor allem nicht sind. Angesichts der Ergebnisse meiner eigenen Studien und der landläufigen Auffassungen zum Thema Depression halte ich es für wichtig, über verbreitete Missverständnisse aufzuklären, was den Betroffenen nur zugutekommen kann.

Wenn du ein Stimmungstief hast oder auch eine ausgewachsene Depression, bedeutet das nicht, dass du plötzlich mit einer ansteckenden Krankheit geschlagen und wie ein Aussätziger zu meiden bist, über den man hinter vorgehaltener Hand spricht. Du wirst deshalb auch nicht deinen Lieblingshasen auf den Grill werfen oder das Haus anzünden! Wer depressiv ist, sollte sich nicht noch ausgeschlossener und stigmatisierter fühlen müssen, als er es ohnehin schon tut. Ein depressiver Mensch ist kein Freak, bei dessen Anblick man tunlichst die Straßenseite wechselt und den man besser nicht zur Party einlädt. Ausgrenzung führt nur dazu, bei den Betroffenen das Gefühl der Vereinsamung und Verzweiflung aufrechtzuerhalten.

Wer unter Depressionen leidet, will damit auch nicht die »Aufmerksamkeit auf sich ziehen«. Ich finde es ausgesprochen unfair und respektlos, wenn ich Leute sagen höre, dass jemand mit seinem Leid nur darauf pocht, Beachtung zu finden. Wenn du seelisch am Tiefpunkt bist, dann hängst du körperlich und mental in den Seilen, als hättest du zehn Runden gegen Mike Tyson hinter dir. Und ich wette, wenn es dir wirklich um Aufmerksamkeit ginge, dann würden dir eine Million amüsantere Möglichkeiten einfallen, um sie auf dich zu ziehen.

Mit der Depression zu leben kann allein schon äußerst anstrengend sein. Manchmal ist das Gefühl der Erschöpfung und Energielosigkeit so erdrückend, dass es unmöglich erscheint, noch irgendetwas anderes zu bewältigen. Mitunter können diese Gefühle so lähmend sein, dass man sich gezwungen sieht, Planungen in letzter Minute umzustoßen, oder außerstande ist, seinen Tag auf die Reihe zu bekommen. Das bedeutet nicht, dass man unzuverlässig, unhöflich oder ein schlechter Freund ist, sondern nur, dass man es in diesem Moment einfach nicht schafft. Und du kannst mir glauben, dass man sich damit nur noch schuldiger und deprimierter fühlt (obwohl es gerade dann wichtig wäre, das Gefühl zu bekommen, dass es in Ordnung ist).

Eine Depression kann auch deshalb in sich widersprüchlich erscheinen, weil es bessere und schlechtere Tage gibt. An manchen Tagen kann es dir richtig gut gehen, sodass die anderen vielleicht schon glauben, dass du wieder »okay« bist. Und dann hast du am nächsten Tag ein solches Tief, dass du es kaum aus dem Bett schaffst. Unter Depressionen zu leiden bedeutet nicht, »ein bisschen traurig« zu sein, und sie sind nichts, bei dem es hilft, »sich zusammenzureißen« und sich »durchzuboxen«. Wenn es so einfach wäre! Ich kann es sehr gut nachvollziehen, dass es für einen Außenstehenden sehr schwierig sein kann, mit einem depressiven Menschen umzugehen. Die Tatsache, dass das Problem nicht wirklich »sichtbar« ist, macht es nur umso frustrierender. Wir alle scheinen uns wohler damit zu fühlen, wenn wir ein Problem vor uns sehen oder logisch erfassen können, weil wir so eine Basis haben, auf der sich arbeiten lässt. Wenn es aber um eine psychische Erkrankung geht, dann ist es leider nicht so einfach oder offensichtlich, weshalb wir mit unserem Verständnis und Einfühlungsvermögen ein ganzes Stück flexibler sein müssen.

Übungsalarm

Dein Stimmungsbarometer

Überlege dir anhand der folgenden Stimmungsskala, welche der Aussagen zwischen 1 und 10 auf dich zutrifft. Nimm diese Einschätzung täglich oder auch wöchentlich vor (je nachdem, wie es dir zurzeit geht – einmal täglich, wenn es dir richtig schlecht geht, und dann einmal in der Woche zur »Kontrolle«). Stell anhand der Ergebnisse fest, ob Verbesserungen zu erkennen sind und/oder ob du Veränderungen vornehmen bzw. dir Hilfe holen musst.

Du kannst die Übung auch mit einer Freundin, einem psychologischen Berater oder deiner Hausärztin durchführen, damit ihr gemeinsam entscheiden könnt, welche Art von Unterstützung du benötigst.

1. Ich fühle mich gut, ausgeglichen und zufrieden.
2. Im Großen und Ganzen geht es mir gut, und aktuell gibt es nichts, das mich plagt. Andererseits möchte ich dafür aber auch nicht meine Hand ins Feuer legen.
3. Ein wenig bedrückt, nicht Schlimmes, aber wenn ich es recht bedenke, gibt es schon etwas, das mir zusetzt.
4. Ich fühle mich etwas durcheinander und besorgt, und zwar so, dass es mich spürbar beeinträchtigt.
5. Ich bin ziemlich aufgewühlt, sodass es mir schwerfällt, unangenehme oder negative Gedankengänge einfach beiseitezuschieben.
6. Ich fühle mich gar nicht gut und habe das Gefühl, dass etwas passieren muss, damit es mir besser geht.
7. Mir geht es ziemlich schlecht, und ich funktioniere zwar noch, aber es fällt mir immer schwerer.

8. Ich fühle mich grauenhaft und habe keine Energiereserven mehr. Ich will niemanden sehen und nur meine Ruhe haben.
9. Es scheint alles ausweglos. Ich komme nicht mehr klar und weiß nicht, was ich tun soll.
10. Hilfe! Ich stecke in der Krise und weiß weder ein noch aus. Ich brauche dringend Hilfe und Unterstützung.

Wie gesagt, es gibt für Depressionen weder ein generelles Entstehungsmuster noch eine klar umrissene Therapie oder Ad-hoc-Lösung. Jeder Mensch ist anders und einzigartig und sollte mit dem entsprechenden Respekt behandelt werden. Trotzdem gibt es eine Menge, was man tun kann, um den Symptomen und quälenden Gefühlen abzuhelfen. Im Allgemeinen erfordert das allerdings ein differenziertes Verständnis und flexibles Vorgehen. Manche Menschen leiden jahrelang unter Depressionen, andere sind schnell und problemlos wieder davon kuriert – das Entscheidende ist, keinen Menschen an einem anderen zu messen.

Was es mit der posttraumatischen Belastungsstörung (PTBS) auf sich hat

Wow! Das ist mal eine Bezeichnung, die es in sich hat. Im Grunde können wir schon am Etikett ablesen, worum es dabei geht: ein mit großem Stress verbundenes traumatisierendes Ereignis, das auch anschließend weiterhin »erfahren« wird.

Vielleicht hast du den Begriff schon einmal im Zusammenhang mit Kriegsveteranen gehört, die in Krisen- oder Kriegsgebieten unter Umständen Zeugen grauenhafter Szenen wurden, die sie innerlich nicht wirklich verarbeiten konnten. Stattdessen wirken diese Szenen körperlich, mental und emotional auch längere Zeit danach in ihnen weiter, wobei es eine Art Traumagedächtnis gibt, das sie diese Ereignisse im Kopf immer wieder durchspielen lässt.

Eine Ursache dafür kann ein Schockerlebnis sein. Geist und Körper sind bestens dafür gerüstet, die volle Wucht eines traumatischen Ereignisses abzufangen, während wir vollauf damit beschäftigt sind, uns mit dem auseinanderzusetzen, was im Hier und Jetzt passiert. Wenn dann aber die Gefahrensituation oder das schockartige Erlebnis vorüber ist und wir uns später in einer an sich unbedrohlichen Situation befinden, dann kann uns der kleinste Auslöser, der das frühere Erlebnis wachruft, erneut in Alarmzustand versetzen. Der Körper wird von Stresshormonen überflutet, und von einem Teil des Gehirns (der Amygdala, falls es dich interessiert) gehen Impulse aus, die uns signalisieren, dass wir uns noch immer in Gefahr befinden. Es ist wie ein Panikknopf, der gedrückt wird, oder einer dieser sinnvollen, aber nervigen Rauchmelder, die bei der kleinsten Rauchwolke oder verbranntem Toast losgehen.

Die Diagnose PTBS kommt dann in Betracht, wenn jemand im Anschluss an ein traumatisches Ereignis über einen längeren

Zeitraum ständig unter Angstzuständen und anderen Störungen leidet. Oft wirken dann bestimmte Dinge, Erlebnisse oder Erinnerungen als Auslöser, die die Betroffenen in Angst und Schrecken versetzen. Gerüche, Geräusche oder sogar Eindrücke, die mit der Sache gar nichts zu tun haben, können eine traumatische Erinnerung wieder hochholen, befördern den Betroffenen geradewegs in das alte Erlebnis zurück und lassen ihn wieder dieselben Ängste und Gefühlszustände durchleben.

Oft wird eine Stresssituation oder ein aufwühlendes Erlebnis erst nach und nach verarbeitet, was es dem Gehirn erlaubt, die Checkliste der Emotionen einzeln durchzugehen, wobei irrationale Ängste und unbewältigte Gefühle nach und nach aufgearbeitet werden. Auf diese Weise bleiben die Erinnerungen in der Vergangenheit, gänzlich integriert und ohne uns weiter zu beunruhigen.

Bei manchen Menschen dauert dieser Prozess länger als bei anderen, aber ist ein Ereignis erst einmal verarbeitet, versetzt uns das hoffentlich in einen ausgeglichenen und entspannten Zustand. Über das traumatisierende Ereignis zu sprechen kann beim Verarbeitungsprozess von entscheidender Bedeutung sein.

Mein verstorbener Großvater kämpfte im Zweiten Weltkrieg als Panzerkommandant an der Front. Eines Tages entging er nur knapp dem Tod, als die Kugel eines deutschen Heckenschützen seinen Kopf um Haaresbreite verfehlte. Wie meine Oma mir später erzählte, war er noch ein Jahr nach seiner Rückkehr aus dem Krieg so in dieser traumatischen Erinnerung gefangen, dass er sie immer wieder durchlief.

Diese fünf Jahre an der Front, in denen er unbeschreibliche Dinge erlebt hatte, veränderten ihn als Mann von Grund auf, und laut meiner Oma brauchte er nach seiner Rückkehr Jahre, um damit fertigzuwerden und sich in die »Normalität« zurückzuarbeiten. Glücklicherweise gelang es ihm schließlich, ein glückliches und erfülltes Leben zu führen, aber viele andere

Menschen sind außerstande, ihre traumatischen Erinnerungen zu verarbeiten. Sie bleiben innerlich zerrissen und sind nicht in der Lage, ihren Alltag zu bewältigen. Hier zeigt sich auch, wie eng PTBS, Angststörung und Depression miteinander verflochten sind. Der innere Erregungszustand bleibt bestehen, anstatt sich von selbst wieder zu legen, wie er es eigentlich sollte: Es ist, als würde aus dem kaputten Absperrhahn in der Küche das Wasser ungehindert herausschießen.

Wer ist von der PTBS betroffen?

Eine posttraumatische Belastungsstörung kann sich auch aus Situationen und Ereignissen entwickeln, die nach landläufiger Ansicht nicht so gravierend sind, von den Betroffenen aber als äußerst bedrohlich und stark traumatisierend erfahren werden.

Manchmal ist es auch die Summe der Ereignisse, die eine PTBS zur Folge hat. Jeder Mensch erfährt die Dinge auf seine persönliche Weise, und das sollte niemals infrage gestellt und immer respektiert werden. Auslöser kann eine Operation sein, ein Unfall, in den man selbst verwickelt ist oder dessen Zeuge man wird, ein Todesfall, eine schwere Geburt oder ein körperlicher Angriff: Es gibt unzählige Gründe für die Entstehung einer PTBS, aber immer sind sie individueller Natur und sollten auch so behandelt werden.

Ich hatte einmal eine Klientin, die eines Tages nichts ahnend und topfit zur Arbeit fuhr und plötzlich einen heftigen Schmerz in der Brust verspürte, der von dort aus in die Lungen ausstrahlte, sodass sie auf einmal keine Luft mehr bekam. Ihr gelang es, den Wagen sicher an den Straßenrand zu fahren und den Notarzt anzurufen, der nach zehn Minuten eintraf. Aber in diesen schrecklichen zehn Minuten, in denen sie allein in ihrem Wagen auf Hilfe wartete, hatte sie furchtbare Schmerzen und dachte, sie würde sterben. Als der Notarzt kam, war sie wie gelähmt vor Angst. Er erkannte sofort die Situation, diagnostizierte einen Pneumothorax und führte eine besonders schauerliche Prozedur durch, um die kollabierte Lunge wieder aufzublasen. Vielleicht kannst du dich an die Szene aus *Pulp Fiction* erinnern, in der die von Uma Thurman gespielte »Mia« eine Adrenalinspritze ins Herz bekommt. Ungefähr so brachial war auch die Methode, die der Notarzt bei meiner Klientin anwandte, um ihre kollabierte Lunge wieder aufzublasen. Autsch.

Glücklicherweise war diese dramatische Situation von der medizinischen Seite her schnell in den Griff zu bekommen, das heißt, die Ärzte konnten ihren Zustand stabilisieren und sie bald darauf nach Hause entlassen. *Un*glücklicherweise war der Vorfall mit seinen emotionalen Begleiterscheinungen für meine Klientin aber so traumatisch, dass sie ihn über Jahre hinweg immer wieder in Form von Panikattacken durchlebte. Aus Angst, dass er sich wiederholen könnte, war sie kaum noch in der Lage, das Haus zu verlassen.

Eben noch eine lebenslustige und glückliche junge Frau, die ihr ganzes Leben vor sich hatte, war meine Klientin praktisch zu einer Einsiedlerin geworden, die entsetzliche Angst davor hatte, sich zu weit von zu Hause zu entfernen, weil sie sich dann nicht mehr sicher fühlte. Es half auch nicht, dass die Ärzte die Möglichkeit eines weiteren Lungenkollapses so gut wie ausgeschlossen hatten. Psychisch war sie schwer traumatisiert, und der Stresspegel war und blieb so hoch, dass schon der Gedanke, sich ins Auto zu setzen, dieselben Gefühle von Panik und blankem Entsetzen auslöste, die sie an diesem schicksalhaften Tag überfallen hatten.

Zum Glück gelang es meiner Klientin dank ausgezeichneter psychologischer Hilfe, dieses Ereignis allmählich zu verarbeiten und das Trauma für sich zu bewältigen. Sie entwickelte neue Verhaltensweisen, die ihr erlaubten, das Stress- und Angstniveau wieder auf ein normales Maß zurückzuschrauben.

Wenn es etwas gibt – vielleicht eine Erinnerung oder ein Ereignis aus der Vergangenheit –, das dich so belastet, dass es dich davon abhält, bestimmte Dinge zu tun, dann versuche es einmal mit der nächsten Übung.

Übungsalarm

Sich der Angst stellen

Während du diese Übung machst, solltest du dich laufend um eine »unbeteiligte« Verfassung bemühen – das heißt, du betrachtest die Szene aus einer Position der inneren Distanz heraus. Stell dir einfach vor, wie du dir die Situation aus der Ferne anschaust. Der Zweck dabei ist, dich von aufwühlenden negativen Gefühlen so weit zu distanzieren, dass du sie dir mit einer gewissen Ruhe und Gelassenheit ansehen kannst.

Denke an die Situation oder Begebenheit zurück, die in dir diese unangenehmen Gefühle ausgelöst hat. Gehe aus einer distanzierten Position heraus im Geiste zu diesem Augenblick, zu dieser Erinnerung zurück und lass sie vor deinem inneren Auge wie einen Film ablaufen. Wenn du willst, kannst du dabei auch die Augen schließen. ☉ Wichtig ist, sich nicht direkt in das Ereignis hineinzubegeben, aus diesem Grund bleiben wir auf Distanz. Du solltest die Gefühle und Emotionen einfach wahrnehmen und nur ansatzweise, jedoch nicht mit ihrer ganzen Wucht auf dich wirken lassen. Spüre nach, ob es dir mit dem, was bisher an Erinnerungen hochkommt, gut geht und ob die Übung bis zu diesem Punkt für dich okay ist. ☉ Begib dich dann zum Ausgangspunkt dieser Erfahrung zurück und erinnere dich daran, wie du dabei zum allerersten Mal diese unangenehmen Gefühle verspürt hast. Geh dann noch etwas weiter zurück, zu dem Augenblick kurz vorher, als du noch ruhig und entspannt warst. Male dir diesen Moment so intensiv und genüsslich wie möglich aus. ☉ Frage dich jetzt, wie du dich fühlen möchtest, *nachdem* du die Szene erneut hast ablaufen lassen. Lass deiner Kreativität dabei freien Lauf

145

und arbeite mit deiner wunderbaren Gabe der Visualisierungskraft: Was kannst du sehen, hören, fühlen? ☉ **Und nun kommen wir zum wirklich kreativen Part: Stell dir vor, wie du in deinem Wohnzimmer vor dem Fernseher sitzt. Es ist eine DVD mit deinem besonderen »Erinnerungsfilm« eingelegt, und die Pausentaste ist an der Stelle kurz vorher gedrückt, wo du noch ruhig und entspannt warst.** ☉ Stehe nun »im Geiste« auf (nimm die Fernbedienung dabei mit), gehe aus dem Raum und schließe die Tür hinter dir. Stell dir vor, dass es in der Tür ein Fenster gibt, durch das du immer noch in das Wohnzimmer sehen kannst. Du stehst jetzt also vor der geschlossenen Wohnzimmertür und schaust durch das Fenster hinein, wobei du den Fernseher mit dem Standbild siehst. ☉ **Drücke nun auf »Play« auf der Fernbedienung und lass den ganzen Erinnerungsfilm von Anfang bis Ende ablaufen. Während die Aufnahme läuft, bemerkst du, dass die Ton- und Bildqualität nicht die beste ist, sie ist sogar ziemlich mies – das Bild ist unscharf, es kracht und rauscht, und man kann kaum etwas verstehen – wie bei schlechtem Empfang, wenn es draußen stürmt. Es wird immer schlimmer, das Bild wird kleiner, verblasst, und der Ton setzt aus. Denke daran, dass du all das beobachtest, während du draußen vor der Wohnzimmertür stehst.** ☉ Wenn die DVD zu Ende gelaufen und der Bildschirm grau geworden ist, drückst du die »Rewind«-Taste auf deiner Fernbedienung und spulst den ganzen Film bis zu der Stelle kurz vor dem Beginn zurück, als du noch ruhig und entspannt warst. Genieße dieses Gefühl, koste es aus, lass es dir so richtig gut damit gehen und nimm dann einen tiefen Atemzug. ☉ **Lass dann von deiner entfernten Position aus den ganzen Film noch fünfmal ablaufen, jedes Mal wieder mit verzerrtem Bild und Ton, und spule immer wieder zum Anfang zurück, wobei die Rückkehr zum Start nach jeder Wiederholung angenehmer** und verlockender sein soll. ☺ Nachdem du das eine Weile so ausprobiert hast, sollte dir der Ablauf bei jedem Mal leichter fallen. Achte darauf, wie es dir damit geht, und lass dich von den angenehmen »Vorher«-Gefühlen tragen, die du bewusst in dir verstärkt hast. Halte diese Gefühle in dir fest und frage dich, wie es dir jetzt mit der Erinnerung/dem Ereignis geht.

☺ Führe die Übung durch, wann immer es dir notwendig erscheint, und beglückwünsche dich selbst dazu, deine Erinnerungen und Emotionen auf diese Weise unter Kontrolle zu haben. Das Gehirn ist sehr gefügig und tut das, was wir ihm sagen und vormachen. Je intensiver wir die angenehmen »Vorher«-Gefühle erfahren und je mehr wir die belastende Erinnerung bis zur Unkenntlichkeit entstellen, desto besser geht es uns im Allgemeinen mit allem, was uns aus dem Gleichgewicht bringt.

Meine Geschichte

Man hat bei mir nie eine echte PTBS diagnostiziert, aber in jedem Fall habe ich die Auswirkungen des Traumas gespürt und den »Teufelskreis der Angst« erfahren, nachdem ich meine erste Panikattacke hatte. Bestimmte Tageszeiten wirkten als Auslöser für die Panik- und Angstgefühle, die vor allem nachts hochkamen, und harmlose Dinge wie ein bestimmtes Aftershave (nach dem mein Ex roch) lösten in meinem Gehirn den »Panikalarm« aus, wobei ich unbewusst in die Situation meiner ersten großen Panikattacke zurückversetzt wurde. Ich zeigte also definitiv Symptome einer Traumatisierung durch eine als gravierend erlebte Situation, die mich noch lange nachher belastete.

Viel zu lange stand ich permanent unter hohem Stress, der aus einem Mix verschiedener Faktoren bestand. Meine Stimmung war im Keller, ich hatte leichte Depressionen, Angstzustände und war traumatisiert, und all das ging Hand in Hand mit meiner Lebenssituation und der Art und Weise, wie ich mit meiner Angststörung umging. Wenn ich mir das alles jetzt vor Augen führe, kann ich nachvollziehen, warum ich mich so fühlte. Ich kam mir wie ein totaler Freak vor, wie eine Spinnerin und ein hoffnungsloser Fall. Kein Wunder, dass ich mit all dem nicht klarkam!

Auch heute noch gibt es Momente, in denen mich diese wohlvertrauten Gefühle wieder beschleichen, vor allem, wenn ich übermüdet bin oder mich über Nacht in einer fremden Umgebung aufhalte. Ich glaube, dass es sich dabei um die Nachwirkungen der ersten Panikattacke und Traumatisierung handelt, als ich mich allein, verlassen und erschöpft gefühlt habe. Es kann sehr schwer sein, alte Gewohnheiten abzulegen, aber ich bin der lebendige Beweis dafür, dass es mit der entsprechenden Einsicht und Arbeit an sich selbst sehr wohl möglich ist, die Herausforderungen des Lebens zu bewältigen.

Zu guter Letzt

. . . .

Vielleicht kennst du Zeiten, in denen einfach nichts mehr geht, Tage, an denen du komplett durchhängst und in einem tiefen Loch steckst, und auch das ist in Ordnung. Manchmal tut es einfach gut, sich aus dem Funktionierenmüssen völlig herauszuziehen. Nimm dir also ruhig mal eine Auszeit, aber achte darauf, wie es dir dabei geht. Länger als ein paar Tage sollte sie nicht dauern, und wenn du merkst, dass es dir schlechter dabei geht, leide nicht alleine vor dich hin. Gehe zu deinem Hausarzt oder suche eine psychologische Beratungsstelle auf, z. B. des Diakonischen Werks. Oder sprich mit jemandem, dem du vertraust, um dir von der Seele zu reden, was dich belastet.

Gedanken hinterfragen und verändern

Der Autofabrikant Henry Ford hat einmal gesagt: »Egal, ob du denkst, du kannst es oder du kannst es nicht, du hast recht.« Ich finde, das ist ein sehr guter Spruch, und meiner Meinung nach ist er absolut wahr.

Der Geist hat große Macht, und positive Affirmationen sind keineswegs etwas, womit man sich die Dinge »schönredet« oder worüber man sich lustig machen sollte. Es gibt viele wissenschaftliche Belege, die dafürsprechen, sich ihrer zu bedienen.

Unser Unterbewusstsein ist sehr gefügig, kann aber mit negativen Formulierungen nichts anfangen. Anstatt also zu sagen: *»Ich will mich heute nicht unglücklich fühlen«*, versuche es lieber mit: *»Ich werde mich heute glücklich fühlen«*. Der Sinn ist derselbe, aber wenn du es auf die erste Art formulierst, hört das Unterbewusstsein nur »unglücklich« ... Es kümmert sich nicht um Satzbau und Intention, sondern vernimmt nur die einzelnen Wörter und reagiert darauf.

Nimm dir alle negativen Gedanken vor. Finde für alle negativen Sätze, Aussagen oder Gefühle das positive Gegenstück. Ersetze jeden Satz, der mit »Ich kann nicht« beginnt, durch einen anderen, der mit »Ich kann« anfängt. Kehre alle negativen Gedankengänge und Verhaltensweisen um und ersticke alle hinderlichen Denkmuster im Keim. Wenn du dir z. B. immer wieder sagst: *»Ich werde niemals eine Beziehung haben, und niemand mag mich«*, dann projizierst du dieses Gedankenmuster in die Welt. Hinterfrage also solche Gedanken und versuche, sie durch positive zu ersetzen, z.B.: »*Ich verdiene es, den richtigen/die richtige Partner/-in zu finden, und er/sie wird mir begegnen, wenn ich dazu bereit bin.*«

Dr. Reetta Newell sagt ...
Schwermut, Depressionen und PTBS

Anna betont, wie unterschiedlich und einzigartig die Erfahrungen sind, die Menschen mit der Depression machen. Die Kriterien, die der Diagnose zugrunde liegen, umfassen so vielfältige Symptome, dass die Betroffenen unter Umständen sehr wenig miteinander gemein haben. Da also die Diagnose »Depression« nicht für jeden dasselbe bedeutet, ist es wichtig, herauszufinden, was jeder Einzelne unter *seiner* besonderen Depression versteht. Es gibt interessante Unterschiede in der Art und Weise, wie Menschen aus verschiedenen Kulturkreisen Depressionen erleben. Dabei zeichnet sich ab, dass Menschen aus nichtwestlichen Kulturen eher körperliche Symptome entwickeln (z. B. Schmerzen und Erschöpfung), während bei ihnen die seelischen Symptome (wie Schuldgefühle oder Suizidgedanken) eher in den Hintergrund treten.

Bei meiner Arbeit höre ich immer wieder, dass sich eine Depression schleichend entwickelt. Die Betroffenen fangen an, sich zurückzuziehen, und gehen nicht mehr unter Leute. Menschen, die depressiv sind, geben häufig zuerst die »guten Dinge« im Leben auf. Was hast du aufgegeben, als du ein Stimmungstief hattest oder deprimiert warst? Bei meinen Klienten beginne ich die Therapie oft mit der Überlegung, welche angenehmen oder erfreulichen Dinge sie in ihr Leben integrieren und wie sie besser mit sich selbst umgehen können. Sich selbst zu belohnen ist ein entscheidend wichtiges Mittel, um das seelische Wohlbefinden zu verbessern.

Top-Tipps für den Umgang mit Schwermut und Depression

Top-Tipp 1

Überlege dir also, was für Dinge es sind, die dir Freude bereiten, die dir dabei helfen, dich zu entspannen, oder dich zum Lachen bringen. Kleine Dinge, große Dinge, Dinge, die du dir jetzt leisten oder für die du sparen kannst, Dinge, die du zu dir selbst sagen, Dinge, die du gemeinsam mit anderen oder allein tun kannst. Vielleicht kannst du mit der Zeit lernen, einige der selbstkritischen Gedanken durch positivere zu ersetzen, indem du erkennst, wo dir etwas gut gelungen ist oder wo du dich jedenfalls redlich bemüht hast.

Top-Tipp 2

Ich finde es sinnvoll, im Umgang mit Depressionen zwei verschiedene Arten von Strategien zu verfolgen: kurzfristige Strategien, um dir aus der Depression herauszuhelfen, und langfristige Strategien, um die Wahrscheinlichkeit eines Rückfalls zu verringern. Beispiele für kurzfristige Strategien sind: das Aktivitätsniveau zu erhöhen, Gedankenmuster zu hinterfragen und dir zu überlegen, wer dich in deinem persönlichen Umfeld unterstützen kann. Was die langfristigen Strategien betrifft, die verhindern sollen, dass die Depression zurückkommt, so kannst du Folgendes tun: Überlege dir, welche Verbesserungen du in Bezug auf deine Ernährung, deine Schlafgewohnheiten und körperliche Bewegung vornehmen kannst. Gehe gut mit dir um (siehe oben) und investiere in den Aufbau und die Pflege deiner sozialen Kontakte.

PTBS

Wer von einer posttraumatischen Belastungsstörung betroffen ist, erlebt das Trauma nicht nur immer wieder »neu«, neigt zu Vermeidungsverhalten und Erregungszuständen, sondern durchlebt in den Monaten und Jahren nach einem traumatischen Ereignis häufig auch verschiedenste Gefühlszustände wie Wut, Verwirrung, Schuld und Scham. In der therapeutischen Arbeit mit Traumapatienten kann die Bedeutung des Sichmitteilens und der Gewissheit, mit der eigenen Geschichte Glauben zu finden, gar nicht überschätzt werden. Natürlich gibt es eine Menge therapeutischer Verfahren und Techniken, die den Betroffenen helfen, ihre traumatische Erfahrung zu verarbeiten. Aber ein Gespräch unter vier Augen (oder mehr!) ist ein sehr wichtiger erster Schritt, um die Erfahrung besser einordnen zu können.

Top-Tipp 3

Viele Betroffene erleben es auch als hilfreich, mit Menschen zu sprechen, die ähnliche Erfahrungen durchgemacht haben. Vielleicht recherchierst du im Internet, ob es eine entsprechende Selbsthilfegruppe in deiner Nähe gibt.

Wenn dich eine frühere traumatische Erfahrung weiterhin belastet, dann überlege dir, ob du bereit bist, dich damit auseinanderzusetzen. In diesem Fall ist Annas Übung »Sich der Angst stellen« ein guter Anfang. Es gibt traumatisierte Menschen, für die »Selbsthilfe« ausreichend ist, andere benötigen professionelle Hilfe. Es ist sehr wichtig, dir Rat und Hilfe zu suchen, falls du schon seit vielen Monaten unter Symptomen leidest, wenn du das Gefühl hast, dass dein Leben nicht lebenswert ist oder dass du für dich selbst oder andere zu einer Gefahr wirst.

6.

SUCHT UND ABHÄNGIGKEIT – DAS »ICH KOMM NICHT KLAR«-GEFÜHL

Annas Notfallbox

SEI BEWUSST Die Einnahme einer bestimmten Substanz oder ein anderes Suchtverhalten kann häufig eine »automatische« Reaktion sein, um bei aufkommenden Ängsten oder Depressionen die quälenden Gefühle zu betäuben. Werde dir darüber klar, wann du zu einer »Bewältigungshilfe« greifst. Bist du dir dessen bewusst, lässt sich der Automatismus eher erkennen.

SUCH DIR UNTERSTÜTZUNG UND REDE MIT JEMANDEM Vielen Menschen ist es vor anderen unangenehm, wenn sie zu Bewältigungsmitteln greifen, die gesellschaftlich nicht toleriert oder sogar illegal sind. Du brauchst dich dessen nicht zu schämen und musst dir deshalb keine Vorwürfe machen, sondern verdienst Zuwendung und Respekt. Sprich mit einem Menschen, dem du vertrauen kannst, damit er dir hilft, das selbstzerstörerische Verhalten zu durchbrechen.

GEH GUT MIT DIR SELBST UM Verurteile dich nicht und denke nicht schlecht über dich selbst. Wer zu Suchtmitteln greift, tut es normalerweise, um abschalten zu können und die quälenden Gefühle loszuwerden. Das Ganze ist nicht deine Schuld, und je mehr du dich schämst und dich schlecht mit dir selbst fühlst, desto schwieriger kann es werden. Du hast dir die Situation wohl kaum selbst ausgesucht, also sei nachsichtig mit dir selbst.

Was, wann, warum?

· · · · · · · · · · · · · · · · · ·

Ich persönlich verbinde mit dem Thema Sucht und Abhängigkeit eher ein düsteres und deprimierendes Szenario wie in dem Kultfilm *Trainspotting* aus den 1990ern, in dem der heroinabhängige Mark Renton alles tut, um an seinen nächsten »Schuss« zu kommen. Er ist von diesem Ziel wie besessen, bis die erhoffte Erleichterung und Erlösung einsetzt, als er es schließlich erreicht. Sein Suchtmittel war Heroin, also ziemlich heftiges Zeug, und man kann darüber streiten, ob er versucht, damit ein grundlegendes Gefühl der Unzulänglichkeit zu beschwichtigen, oder einfach nur drogensüchtig ist. Man könnte darin aber auch einfach zwei Seiten einer Medaille sehen, und gerade bei Angststörungen und Depressionen entsteht Suchtverhalten leicht aus der Not, weil man mit den Ängsten und quälenden Gefühlen nicht fertigwird.

Trainspotting ist zwar nur ein Film, aber »Selbstmedikation« mithilfe einer Substanz oder in Form eines anderen Suchtverhaltens ist sehr real.

Was?

Was bedeutet also diese »Selbstmedikation«? Wer bedient sich ihrer wie und wann? Die Antwort lautet, dass jeder an einen Punkt kommen kann, an dem er glaubt, dass in diesem Moment oder in einer bestimmten Situation keine andere Wahl bleibt, als die eigenen Gefühle zu betäuben. Als Mittel dazu dienen unterschiedliche Substanzen wie Alkohol, Medikamente und Drogen oder andere Formen des Suchtverhaltens wie übermäßiges Essen bzw. Hungern, Glücksspiel oder Sex.

Damit hier kein Missverständnis aufkommt: Ich will damit keineswegs sagen, dass *jeder* Alkoholabhängigkeit oder *jedem* anderen Suchtverhalten eine Angststörung zugrunde liegt. Was ich aber sagen *will*, ist, dass es viele Menschen gibt, die eine möglicherweise nicht diagnostizierte psychische Störung mit einem Suchtverhalten überdecken, das ihnen hilft, durch den Tag zu kommen. Oft handelt es sich dabei um einen schleichenden Prozess mit vielleicht harmlosen Anfängen, der dann außer Kontrolle gerät, bis das ursprüngliche Problem in Form einer potenziellen oder konkreten Suchtproblematik eine ganz neue Dimension annimmt.

Um im Rahmen zu bleiben, beschränke ich mich in diesem Kapitel auf den Gebrauch einzelner Substanzen wie Alkohol und Drogen sowie suchtartiges Verhalten in anderen Bereichen wie Sex und Glücksspiel. In Kapitel 7 gehe ich dann noch näher auf das Thema Medikamente ein, in Kapitel 8 auf exzessives Work-out sowie Essstörungen und in Kapitel 9 auf selbstverletzendes Verhalten. All diese Themen können eine Suchtkomponente aufweisen.

Wann?

Viele Menschen kommen mit dem Alltagsstress und den oft schwierigen Dingen, die nun einmal zum Leben dazugehören, bestens zurecht. Aber wir alle wissen wohl auch (ich jedenfalls nur zu gut), wie es ist, am Ende eines besonders aufreibenden Tages nach Hause zu kommen und nichts anderes im Sinn zu haben, als sich ein großes Glas Wein einzuschenken, um es sich genüsslich hinter die Binde zu gießen. Und während der Alkohol seine Wirkung tut, spüren wir dankbar, wie der Stress des Tages langsam in uns nachlässt. Seien wir ehrlich: Nach einem langen und harten Arbeitstag gibt es zum Runterkommen nichts Besseres, als sich ein Gläschen zu genehmigen.

Wenn aber diese scheinbar harmlose und allgemein tolerierte, wenn nicht sogar zelebrierte Gewohnheit zu einem immer stärkeren Bedürfnis wird, bis man ohne Alkohol gar nicht mehr auskommt, dann wird sie damit zum echten Problem.

Es ist das eine, sich hin und wieder seinen Lieblingsdrink zu gönnen, wenn man ihn einfach mal nötig hat, um sich auf die Schnelle ein wenig Erleichterung zu verschaffen. Schließlich gilt ein Schnäpschen ja auch von jeher als probates Mittel bei Stress, Schock und Nervenkrisen (ob zu Recht, sei einmal dahingestellt). Es ist aber etwas ganz anderes, wenn das gelegentliche Glas anfängt, zur Gewohnheit zu werden, und wirklich bedenklich wird es dann, wenn du sie nicht mehr im Griff hast, sondern deine Gewohnheit beginnt, dich zu kontrollieren.

Um als abhängig zu gelten, muss man nicht von morgens bis abends Alkohol oder Drogen konsumieren. Häufig führen Menschen aber dieses Argument als Entschuldigung ins Feld, indem sie sagen: »*Ich bin nicht abhängig, weil ich nicht ständig etwas brauche.*« Wenn die Gewöhnung aber ein Stadium erreicht, in dem man nicht mehr die Wahl hat, dann gibt es ein Problem, das man nicht einfach übergehen sollte.

Mit der »Lösung« für die Angst- und Stressproblematik rutscht man in die Abhängigkeit, und bevor man sichs versieht, wird aus der Abhängigkeit eine Sucht, die eine Menge neuer Probleme schafft, die wahrscheinlich gravierender sind, als es der ursprüngliche Grund zum Trinken war. Das bedeutet, dass der Stress und die Angst im Vergleich mit der Sucht, die jetzt zum beherrschenden Problem wird, nur noch eine untergeordnete Rolle spielen. Hat sich ein Abhängigkeitsmuster erst einmal gebildet – was oft genug aus harmlosen Anfängen heraus geschieht –, tendiert es dazu, ein Eigenleben zu entwickeln, womit dann oft der Weg in die Selbstzerstörung bereitet sein kann.

Warum?

Aus welchem Grund entwickeln nun manche Menschen ein Suchtverhalten und andere nicht? Auch auf diese Frage gibt es leider keine eindeutige Antwort. Es gibt nicht *den* »Suchttypus«. Was für psychische Störungen gilt, trifft nicht minder für Abhängigkeiten zu: Sie machen keine Unterschiede, jeder von uns kann auf den Abweg der Sucht geraten.

Ich habe davon gesprochen, unter welchem Stress ich damals stand. Wenn sich dieser Druck immer weiter aufbaut, ohne dass die Möglichkeit besteht, ihn auf gesunde Weise abzulassen – etwa durch Gespräche oder eine Auszeit –, dann stauen sich die negativen Gefühle wie in einem Dampfdrucktopf: Vielleicht zeigt sich die Angst dann in Form von Panikattacken, Sozialphobien und permanenten Grübeleien, oder der Kopf ist komplett »dicht«, und ein sorgenvoller Gedanke jagt den nächsten. Und was machen wir dann? Genau, wir nehmen zum Runterkommen einen Beruhigungsdrink, greifen zur Droge oder legen ein anderes Suchtverhalten an den Tag, um den Druck loszuwerden.

Vielleicht hattest du ein besonders aufwühlendes oder traumatisches Erlebnis, das dir immer wieder durch den Kopf geht – und schon stellt sich das Verlangen nach schneller Abhilfe ein. Vielleicht fühlst du dich einsam und hast niemanden, mit dem du die alltäglichen Sorgen und Nöte teilen kannst – das kann den Gedanken an etwas, das die Traurigkeit nimmt, Zuversicht verleiht, das Selbstvertrauen stärkt und die Stimmung hebt, sogar noch verlockender machen.

Ich kann das vollkommen nachvollziehen, und bevor bei mir eine Angststörung diagnostiziert wurde, war ich anfänglich selbst diesem erlösenden Glas Wein zugeneigt (zu meinem Glück lief das nicht aus dem Ruder). Man muss sich aber immer wieder klarmachen, dass die Wirkung welcher Substanz auch immer nicht von Dauer ist und mit ziemlicher Sicherheit irgendwann für noch größere Probleme sorgt.

Suchtprävention und frühzeitiges Gegensteuern sind hier angesagt, um ein Abgleiten in die Abhängigkeit zu verhindern.

Wer ist suchtgefährdet?

Mir war es sehr wichtig, dieses Kapitel in mein Buch aufzunehmen, da die Suchtgefahr etwas ist, das im Zusammenhang mit psychischen Erkrankungen oft verkannt und unter den Teppich gekehrt wird. Aufgrund meiner persönlichen Erfahrung als Beraterin und Betroffene weiß ich, dass sie bei der Behandlung von Angststörungen einen ganz erheblichen Teil ausmachen kann.

Mir sind eine Menge Leute begegnet, die voller Scham und Verzweiflung darüber waren, dass sie zu Suchtmitteln gegriffen hatten, um mit einer Angstproblematik fertigzuwerden. Was ganz harmlos mit einem Drink, einem Joint, einem Glücksspieleinsatz oder dem Besuch einer pornografischen Website beginnt – zur Entspannung, um heftige Angstgefühle oder ein ausgeprägtes Stimmungstief zu überwinden –, wird mit der Zeit zu einem ständigen Bedürfnis und schließlich zur Abhängigkeit.

Wenn wir unseren Kummer im Alkohol ertränken oder dem Stress mit der Droge beizukommen versuchen, dann kann das zwar anfänglich klappen und sich gut anfühlen, weil es der Angst den Stachel nimmt und die Probleme überdeckt. Aber jeder von uns weiß wohl auch, wie es einem am nächsten Tag oder auch noch in den Tagen danach ergeht, wenn man über die Stränge geschlagen hat: Man fühlt sich absolut mies und hängt mit seiner Stimmung vollkommen durch. Was als ein toller Abend begonnen hat, an dem du mal wieder so richtig übermütig abgetanzt und mit wachsender Begeisterung ein Glas nach dem anderen von einer unnatürlich neonfarbenen Flüssigkeit in dich hineingestürzt hast, kann sich schon ein paar Stunden später so anfühlen, als hätte man eine Wagenladung Ziegelsteine über deinem Kopf ausgeleert: Du bist einfach nur platt und vollkommen fertig.

Und das nicht ohne Grund. Nicht nur die Schlafqualität leidet unter solchen Exzessen (wir kommen zwar runter, aber es wird niemals ein erholsamer Schlaf sein können), Alkohol und Drogen wirken darüber hinaus als Depressionsverstärker und können daher absolut kontraproduktiv sein, wenn man sie einsetzt, um sich mit ihrer Hilfe besser zu fühlen. Du kennst sicher das Sprichwort »what goes up must come down«, und für nichts gilt das mehr, als wenn die Wirkung von Alkohol und Drogen nachlässt.

Wenn du dich also der Substanz deiner Wahl bedienst, um damit deinen Ängsten, dem Stress oder einem Stimmungstief zu entkommen, dann wirst du dich, im Anschluss an die anfängliche Erleichterung, wahrscheinlich schlechter fühlen als zuvor. Die ursprünglichen Gefühle kehren mit Macht zurück, und aufgrund der Erschöpfung und der einsetzenden Entzugserscheinungen bist du ihnen noch mehr ausgeliefert. Offen gesagt ist das ein Punkt, an dem bei dir sämtliche Alarmlampen angehen sollten.

Was also kannst du tun? Nun, es gibt zwei Wege, die du gehen kannst. Entweder machst du dir klar, wie schrecklich es dir im Anschluss »daran« geht und dass du dich nie wieder so fühlen willst, sodass du andere, gesündere, hilfreichere Wege erkundest, um das zugrunde liegende Problem anzugehen. Oder aber du triffst die Entscheidung, dich so panisch/deprimiert/gestresst zu fühlen, dass du dir so schnell wie möglich Erleichterung verschaffen musst, und greifst erneut zu diesem zweischneidigen Schwert, das dich zwar überhaupt erst in diese missliche Lage gebracht hat, das aber immerhin auch eine vorübergehende Entlastung bedeutet …

Den Mustern auf der Spur

Das Entscheidende bei dieser Übung ist, dass du wirklich ehrlich zu dir selbst bist – und wenn du merkst, dass du es nicht bist, kann auch das wieder aufschlussreich sein. Es geht hier darum, alle negativen Muster auf frischer Tat zu ertappen. Damit gibst du dir selbst die Chance, in den Griff zu bekommen, was tagtäglich, Woche um Woche vor sich geht, um letztlich jedes bedenkliche, impulsive oder zwanghafte Verhaltensmuster zu durchbrechen.

Überlege dir, wo und wie du dir deine Befunde notieren willst – auf einem Blatt Papier, in deinem Kalender, auf einer Kreidetafel, auf Post-it-Zetteln neben dem Bett, in deinem Smartphone usw. ☺ Erstelle einen Wochenplan von Montag bis Sonntag und lass ausreichend Platz für deine jeweiligen Einträge. ☺ Schließe mit dir selbst einen Vertrag, in dem du dich verpflichtest, während der kommenden sieben Tage deine Stimmungslagen, Verhaltensweisen und Gewohnheiten zu notieren. Sei dabei wirklich aufrichtig mit dir selbst und denke daran, warum du diese Übung machst und was du dir davon versprichst. ☺ Schreibe dir jeden Tag alles Wesentliche auf: was du tust, wie es dir geht, in welcher Stimmung du bist, was du isst und trinkst und, falls das zutrifft, welche Medikamente oder Drogen du nimmst. ☺ Achte darauf, was du tust und vor allem: wann. Gibt es eine Tageszeit, die für dich mit einer bestimmten Gefühlslage verbunden ist? Hast du dann eine »Krücke«, die dir darüber hinweghilft? Irgendeine spezielle Gewohnheit? ☺ Sei offen und ehrlich mit dir selbst und schreibe alles auf. Es schwarz auf weiß vor uns stehen zu sehen kann eine enorme Hilfe sein, wenn wir uns etwas bewusst machen oder eine Veränderung vornehmen wollen. Es kann genau der Anstoß in die richtige Richtung sein, den wir manchmal brauchen. ☉ Notiere dir weiterhin während der ganzen Woche deine Verhaltensweisen, Gefühle usw. Nimm dir dann am Ende der sieben Tage ein wenig Zeit, um zurückzublicken. Lies dir alles noch einmal durch und achte darauf, ob sich irgendwelche Muster in Bezug auf dein Verhalten, deine Stimmung oder deine Gefühle abzeichnen. Gibt es Zeiten, in denen du nicht klarkommst und bei einer bestimmten Substanz oder Verhaltensweise Zuflucht suchst? ☉ Wenn du mutig bist – und du hast allen Grund, es zu sein, da du hier so offen und aufrichtig dir selbst gegenüber bist –, dann überlege dir, ob du dich mit deinen Ergebnissen einer Vertrauensperson mitteilen willst. Vielleicht hast du auch das Gefühl, dass es ein Problem gibt, über das du mit deinem Hausarzt sprechen möchtest. ☉ Wenn wir Verantwortung für uns selbst übernehmen, uns die Macht zurückholen und etwas gegen bedenkliche Verhaltensweisen unternehmen, dann kann das manchmal enorm hilfreich sein, um alles, womit wir uns schaden, im Keim zu ersticken, bevor es außer Kontrolle gerät.

Es ist wirklich
alles ganz
furchtbar

Und ich will von
alledem NICHTS
wissen

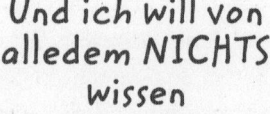

Ich hab's!

Ich seh fern und
ignoriere das
GANZE

Natürlich weißt du als vernunftbegabtes menschliches Wesen, dass der erste Weg der richtige ist, aber es ist nicht immer so einfach, vor allem dann, wenn die Angst dich in der Mangel hat. Wenn du aber nicht weißt, wohin oder an wen du dich wenden sollst, um dir Hilfe zu holen, oder nicht einmal weißt, *dass* es Hilfe für dich gibt, entscheidest du dich möglicherweise für den zweiten Weg, und dann kann sich ein ganzes Arsenal von neuen Problemen auftun.

Es kann verdammt schwer sein, sich in solchen Zeiten Klarheit zu verschaffen und die »richtigen« Entscheidungen zu treffen. Wenn es bloß so einfach wäre. Einfach ist es in den wenigsten Fällen, das muss ganz klar gesagt werden. Aber du hast in dir die nötige Kraft und Selbstbeherrschung, um zu tun, was die Situation verlangt – und schließlich gibt es nur einen Menschen auf der Welt, der für dich und deine Zukunft die Verantwortung trägt, und das bist du selbst.

Wenn du das Gefühl hast, in der Klemme zu stecken, und nicht weißt, was du tun sollst, dann versuche es mit der nächsten Übung zur Entscheidungsfindung, um für dich mehr Klarheit zu gewinnen.

Was wäre, wenn

Wenn wir schon oder noch ein wenig von Alkohol oder Drogen »benebelt« sind, kann es schwer sein, klar zu denken – schwierig, aber nicht unmöglich. Lies die folgenden vier Fragen laut und beantworte sie so ehrlich und ausführlich wie möglich. Auf diese Weise gewinnst du an Klarheit, um für dich zu der »richtigen« Entscheidung zu kommen. Diese Übung kann eine enorme Hilfe dabei sein, herauszufinden, was für eine Entscheidung spricht oder auch dich davon abhält, sie zu treffen – ich finde sie außerdem wirklich befreiend. Die doppelt verneinten Fragen (Was würde NICHT passieren, wenn du es NICHT tun würdest?) sind dabei vielleicht der schwierigste Part. Bei den vier Fragen handelt es sich um eine Methode aus dem NLP namens *Cartesian questioning*. Es geht dabei darum, verschiedene Denkmodelle durchzuspielen und ein Thema aus verschiedenen Blickwinkeln zu betrachten.

Da es hier um Suchtverhalten geht, möchte ich dich bitten, bei den Fragen und Antworten das Suchtmittel »deiner Wahl« einzusetzen. Bei den Fragestellungen kannst du auch den Schwerpunkt variieren, um die Perspektive und die Zielrichtung zu verändern.

Ich habe jeweils ein hypothetisches Beispiel gegeben, das mir aber persönlich am Herzen liegt, um es möglichst konkret zu machen:

○ Was WÜRDE passieren, WENN?
(z.B.: Was WÜRDE passieren, WENN ich mir wegen meines Alkoholproblems Hilfe suchen würde?
»Ich könnte anfangen, mich besser zu fühlen.«)

○ Was WÜRDE passieren, WENN NICHT?
(z.B.: Was WÜRDE passieren, WENN ich mir wegen meines Alkoholproblems KEINE Hilfe suchen würde?
»Ich würde mich immer schrecklicher fühlen und alle Menschen in meiner Umgebung vergraulen.«)

○ Was WÜRDE NICHT passieren, WENN?
(z.B.: Was WÜRDE NICHT passieren, WENN ich mir wegen meines Alkoholproblems Hilfe suchen würde?
»Ich würde nicht mehr so sehr darunter leiden, dass es mir seelisch und körperlich immer schlechter geht, und ich würde mich nicht mehr so allein fühlen.«)

○ Was WÜRDE NICHT passieren, WENN NICHT?
(z.B.: Was WÜRDE NICHT passieren, WENN ich mir wegen meines Alkoholproblems KEINE Hilfe suchen würde?
»Ich hätte keine Chance, das glückliche und erfüllte Leben zu führen, das ich verdiene.«)

Der Zweck der Übung ist, anhand dieser vier einfachen Fragen, die es aber in sich haben, verschiedene Perspektiven einzunehmen und auszuloten. Überlege dir im Anschluss an die Übung, wie es dir damit ergangen ist und ob sie dich irgendwie dazu motiviert hat, etwas zu verändern.

Der Bruch mit einem Tabu

. . . .

Der Zusammenhang zwischen psychischen Störungen und Suchtverhalten ist etwas, worüber für meinen Geschmack nicht annähernd genug gesprochen wird. Anstatt das Thema zu tabuisieren, zu verdrängen und schamhaft zu verschweigen, sollten wir vielmehr jedem, der sich gezwungen sieht, zu dieser Art unkontrollierter »Selbsthilfe« zu greifen, die nötige Unterstützung und Sympathie zukommen lassen.

Manchmal ist es allerdings schwer, vor lauter Bäumen den Wald zu sehen, weil möglicherweise die eigentliche Ursache des Suchtverhaltens – nämlich seine »Bewältigungsfunktion« – von den Nahestehenden nicht erkannt wird. Stattdessen werden die Betroffenen als »Problemfälle« mit selbstzerstörerischen Tendenzen betrachtet. Es ist aber auch eine traurige Tatsache, dass hinter jedem Menschen, der im Teufelskreis der Sucht gefangen ist, noch ein persönliches Umfeld steht, das im Verborgenen mitleidet, und oft sind es die nächsten Angehörigen.

Aus nächster Nähe mitzuerleben, wie sich der Partner, ein Familienmitglied oder Freund mit untauglichen Mitteln selbst zu helfen versucht, kann für alle Beteiligten aufreibend sein. Dabei tritt die Suchterkrankung – und in diesem Stadium ist das Suchtverhalten eine echte Erkrankung – häufig in maskierter Form auf. Sie kann in Verhaltensauffälligkeiten zum Ausdruck kommen wie Verlogenheit, Stimmungswechsel (Nervosität, Gereiztheit) oder Verlust von Sozialkompetenzen (Rückzug, Vermeidung von Blickkontakt bzw. im Gegenteil provozierendes oder aggressives Verhalten). Andererseits kann sich auch das körperliche Erscheinungsbild verändern. Die Betroffenen wirken ungepflegt, vernachlässigen die Körperhygiene, verlieren rapide an Gewicht, haben ein rotes oder aufgedunsenes bzw. eingefallenes Gesicht. All das sind Hinweise darauf, dass offenbar etwas im Argen liegt.

An diesem Punkt gerät beim Umfeld – wie auch bei den Betroffenen selbst – in Vergessenheit, was sie früher einmal ausmachte, weil die Begleiterscheinungen der Sucht nun das Verhalten und Aussehen prägen. Auch der eigentliche »Grund« dafür, dass sie sich in dieser Situation befinden, wird vielleicht vergessen – wenn er den Beteiligten überhaupt je bewusst war –, da das aktuelle »Verhalten« den Ausschlag gibt.

Ich hatte einmal eine wunderbare Klientin namens Sarah, die sich jahrelang mit Alkohol und Drogen selbst »therapierte«, wobei sie sich an billigen Wein und Cannabis (»Gras«) hielt. Nachdem sie fünf Jahre lang beides in großen Mengen konsumiert hatte, war sie eine gebrochene Frau und bot einen traurigen Anblick, der mir zu Herzen ging. In ihrer Umgebung galt sie längst als hoffnungsloser Fall, als eine unzuverlässige Person, die log und stahl. Sie war arbeitsunfähig und verbrachte fast den ganzen Tag im Wohnzimmer vor dem Fernseher, weil sie zu nichts anderem mehr imstande war.

Fünf Jahre zuvor war Sarah eine erfolgreiche und beliebte Angestellte gewesen, die einen Freund an ihrer Seite und ein intaktes Familien- und Sozialleben hatte. Sie war gesund und stand mit beiden Beinen im Leben. Zu dieser Zeit war sie in einen Verkehrsunfall verwickelt, der sie erschütterte und traumatisierte. Ihre körperlichen Verletzungen wurden behandelt, aber der inneren Wunden nahm sich niemand an. Mit ihren Gedanken, Gefühlen und Emotionen blieb sie auf sich gestellt, und sie waren es, die zu ihrem Absturz führten.

Im Lauf der folgenden Jahre verebbten nach und nach die anfängliche Betroffenheit und Anteilnahme der Menschen um sie herum, für die der Autounfall irgendwann nur noch eine ferne Erinnerung war – nicht so für Sarah. Die Angst davor, sich wieder in ein Auto zu setzen und dasselbe noch einmal durchzumachen, begann sie zu verfolgen. Die Angstzustände wurden immer schlimmer, und sie hatte immer wieder Panikattacken, die sie schließlich schon beim bloßen Gedanken daran, das Haus zu verlassen, überfielen. Sie ging immer weniger vor die Tür, und ihr Zuhause wurde zu ihrer Fluchtburg, aber auch zu ihrem Gefängnis.

Hin und wieder hatte sie jedoch keine andere Wahl, als das Haus zu verlassen, weil sie Einkäufe und Besorgungen machen musste. Aber jedes Mal wurde die Angst so schlimm, dass sie sich in ihrer Not nicht mehr zu helfen wusste, bis sie eines Tages auf den Gedanken kam, ob nicht vielleicht ein kräftiger Schluck aus der Weinflasche, die sie in ihrer Küche herumstehen hatte, die Angst vertreibt. Und damit hatte sie recht. Es nahm der Angst sofort den Stachel, und als sie noch etwas mehr trank, verlor sich die Angst noch weiter. »Genial! Ich habe etwas gefunden, das mich besser fühlen lässt«, dachte sie. Und für den Augenblick funktionierte es auch.

Wahrscheinlich kannst du dir denken, wie die Geschichte weiterging. Exakt, die Sache lief völlig aus dem Ruder. Sarah brauchte immer mehr Alkohol, um ihre Angst zu betäuben und sich so viel Mut anzutrinken, um im Alltag zu funktionieren, während ihre Alkoholtoleranz immer weiter zunahm. Außerdem fing sie an, Gras zu rauchen, um die Angst noch mehr zu lindern, und ehe sie sichs versah, war sie in den Fängen der Abhängigkeit. Jeden Tag wachte sie alkohol- und drogenbenebelt auf, fühlte sich immer zittriger, ängstlicher, panischer ... und hilflos ... also griff sie erneut zur Flasche und zum Joint.

Aus einer aufgeweckten und gesunden jungen Frau wurde auf diese Weise eine von Ängsten geschüttelte Süchtige. Ich kann nur vermuten, wie anders das Ganze verlaufen wäre, wenn sie in der Zeit nach dem Unfall die Hilfe bekommen hätte, die sie so dringend brauchte, und nicht erst fünf Jahre später, als sie in eine Entzugsklinik eingewiesen wurde, um ihr das Leben zu retten.

Weil Sarah sich außerstande fühlte, klar zu erkennen, was mit ihr los war, um die Gefühle im Zusammenhang mit dem Trauma des Autounfalls aufzuarbeiten, wusste sie auch nicht, wohin sie sich wenden sollte, um Unterstützung zu bekommen. Aus der Familie kamen zwar Hilfsangebote, aber ohne Vorstellung von der eigentlichen Ursache des Problems waren die Angehörigen genauso hilflos wie sie selbst. In diesen fünf Jahren der Abhängigkeit und des Ringens mit der Angst hatten nicht nur ihre Arbeit, ihre Freundschaften und das Familienleben unter der enormen Belastung zu leiden, sondern auch mit ihrer Gesundheit ging es steil bergab.

Mir ist sehr wohl bewusst, dass Sarahs Geschichte ziemlich beklemmend wirkt, und das soll sie auch. Ich will hier keine Moralpredigt halten, und es geht mir auch nicht um Panikmache – im Gegenteil. Vielmehr will ich dir mit der Geschichte zeigen, wie ein »einfacher« Fall von Angststörung, dem damals vielleicht schon mit ein paar Stunden Gesprächstherapie oder einer Schulter zum Ausweinen beizukommen gewesen wäre, sehr schnell einen ganz anderen Verlauf nehmen kann, mit dem man sich ein zusätzliches und noch viel gravierenderes Problem einhandelt. Es gibt zu viele Menschen, die versuchen, ihre Angststörung mit selbstzerstörerischem Verhalten zu überdecken, und mit der daraus resultierenden Scham und Verzweiflung allein gelassen werden. Und das ist alles andere als fair.

Nachdem sie am Tiefpunkt angekommen war – von wo aus es bekanntlich nur noch aufwärtsgehen kann –, durchlief Sarah ein exzellentes Therapieprogramm, das sich sowohl ihrer Suchterkrankung als auch der ihr zugrunde liegenden Ursachen annahm. Heute geht es Sarah wieder gut. Sie führt ein glückliches

Leben und hat zu ihrer alten Form zurückgefunden – und sie hat sich aus freien Stücken für die Abstinenz entschieden. Gewiss kennt sie auch schlechtere Tage, aber sie weiß damit umzugehen, und – was noch viel wichtiger ist – sie weiß mit sich selbst umzugehen. Sie versteht es jetzt auch, sich ihrer Familie und ihren Freunden mit ihren Gefühlszuständen mitzuteilen, etwas, wozu sie in der Zeit nach dem Autounfall nicht wirklich in der Lage war.

Falls du selbst Sorge hast, in die Abhängigkeit abzugleiten, oder jemand aus deinem Familien- oder Freundeskreis sich deshalb Gedanken um dich macht, kann die folgende »Checkliste« dabei helfen, dir Klarheit zu verschaffen. Vielleicht ziehst du auch in Betracht, das Resultat mit einer Vertrauensperson zu besprechen, damit ihr gemeinsam über geeignete Schritte nachdenken könnt:

Sieben Anzeichen für das zunehmende Abgleiten in eine Suchterkrankung

1. Du bist deprimiert, und jeder Tag wird dir zur Last. Es gibt kaum noch etwas, das dir Freude macht, wenn überhaupt, und die alltäglichen Pflichten und Kontakte setzen dich unnötig unter Druck. Du fühlst dich immer mehr überfordert.

2. Du schenkst dir ein Glas ein, rauchst einen Joint, lenkst dich mit Glücksspiel oder Sex ab ... um dich wenigstens ETWAS besser zu fühlen. Und es funktioniert. Es geht dir wirklich ein bisschen besser, du bist weniger ängstlich, weniger unter Druck oder deprimiert.

3. Du findest Geschmack an dem Drink/dem Joint/der Ablenkung durch Glücksspiel oder Sex und hast die Erfahrung

gemacht, dass es den unangenehmen Gefühlen die Spitze nimmt. Du weißt, dass du dir auf diese Weise Erleichterung verschaffen kannst, und fängst an, dich darauf zu verlassen. Die Abhängigkeit setzt ein.

4. Die Sucht fängt an, deinen Alltag zu beherrschen, und wird Teil des Tagesablaufs. Die Scham oder Peinlichkeit, von etwas abhängig zu sein, wird nach innen verlagert und vor anderen verborgen, weil du Kritik fürchtest. Das große Verhehlen und Verheimlichen beginnt.

5. Die Abhängigkeit ist in vollem Gange. Du hast keine klare Vorstellung mehr davon, worin das ursprüngliche Problem besteht, denn der Sucht fällt jetzt die Aufgabe zu, deine Gefühle zu betäuben. Sie hat die Herrschaft über deinen Körper und Geist übernommen, wobei du kaum noch Rücksicht auf andere und dich selbst nimmst. Du hast aufgehört, ein selbstbestimmtes Leben zu führen, und wirst stattdessen von der Sucht gesteuert.

6. Es ist jetzt ein fortlaufender Prozess der Selbstzerstörung. Angst, Scham und Peinlichkeit aufgrund der Sucht und des aus ihr resultierenden Verhaltens machen dir zu schaffen, wobei die zugrunde liegenden Depressionen und Angstzustände noch erschwerend hinzukommen.

7. Während sich die Sucht verselbstständigt, verlangen die Angst und die Scham zugleich nach immer mehr Betäubung. Mit zunehmendem Gebrauch des Suchtmittels steigern sich wiederum die Ängste und die Scham. Du bist immer weniger aufrichtig mit dir selbst, und die Leugnung nimmt zu. Für alle Beteiligten gibt dein Verhalten Anlass zur Sorge.

Nur Mut, es gibt Hilfe

Ich weiß, dass manches von dem, was in diesem Kapitel steht, ziemlich heftig klingt. Wie gesagt, ich will hier nicht den Teufel an die Wand malen und unnötig Angst verbreiten, Gott bewahre. Aber in den vergangenen zehn Jahren, in denen ich mit Menschen zusammengelebt und gearbeitet habe, die an einer Angststörung leiden, hat es mich immer wieder schockiert, zu sehen, wie sehr man stigmatisiert werden kann, wenn man – ohne eigenes Verschulden – in die Fänge der Sucht mit deren bitteren Folgen gerät.

Einige andere Bewältigungsstrategien habe ich nur gestreift. Wie aber bereits zu Beginn des Kapitels kurz erwähnt, gibt es noch viele andere, die ebenfalls dem Suchtverhalten zuzurechnen sind, wie selbstverletzendes Verhalten (darüber mehr in Kapitel 9), Essstörungen (siehe Kapitel 8) oder auch der Missbrauch anderer Menschen, in dem man in gewisser Weise ebenfalls eine Art von Suchtverhalten sehen kann.

Würden wir als Gesellschaft den von einer Suchterkrankung Betroffenen Akzeptanz entgegenbringen und unsere Unterstützung anbieten, anstatt sie zu verurteilen und ihnen verächtliche Blicke zuzuwerfen, dann würden wir alle in einer besseren Welt leben – davon bin ich überzeugt.

Wenn jeder Vierte irgendwann im Leben mit psychischen Problemen zu tun bekommt, dann ist es offenbar ein sehr viel stärker verbreitetes Phänomen, als viele wahrhaben wollen. Das Thema ist nicht gerade angenehm oder lustig, aber es ist das REALE Leben, und je mehr Mitgefühl wir aufbringen und je mehr Hilfe zur Selbsthilfe wir bieten können, desto größer ist die Chance, das Leiden so weit wie möglich zu begrenzen.

Und schließlich: Wenn das Thema dieses Kapitels dich selbst

betrifft oder auch jemanden, den du kennst, dann rührt es vielleicht auch an deine eigenen Erfahrungen damit oder bringt entsprechende Gefühle hoch – denke aber immer daran, dass du damit nicht allein bist. Es kann verdammt schwer sein, über die eigenen Gefühle zu sprechen, und auch gewaltig Angst machen. Aber ich habe die Erfahrung gemacht, dass man damit ein offenes Ohr findet. Nicht jeder kann Gedanken lesen, daher müssen wir uns ein Herz fassen, selbst den ersten Schritt tun und auch mal um Hilfe bitten, um den Stein ins Rollen zu bringen. Vielleicht hast du jemanden in deinem persönlichen Umfeld, dem du dich anvertrauen kannst. Oder du erkundigst dich im Internet über Beratungsstellen, vielleicht wendest du dich auch an deinen Hausarzt. Allein schon mit jemandem darüber zu sprechen, wie es uns geht, kann der entscheidende Anstoß sein, um rechtzeitig die nötige Unterstützung zu bekommen, bevor es möglicherweise damit endet, dass wir an der Flasche hängen.

Du kannst es, ich weiß das.

Dr. Reetta Newell sagt ...
Sucht und Abhängigkeit

Man kann Suchtverhalten als »negatives Stressmanagement« oder auch als »Lösungsversuch« für eine Angstproblematik auffassen. Ob die Betroffenen den Stress oder die Angst als das eigentliche Problem dabei erkennen, steht wieder auf einem anderen Blatt. Kurzfristig lässt sich damit Erleichterung schaffen, aber langfristig gesehen, trägt das Suchtverhalten wahrscheinlich zur Verschärfung des Problems bei und führt dazu, dass man die Ursachen der Angst meidet. Vielen ist gar nicht bewusst, dass die Entzugserscheinungen (wie Angst, Schlaflosigkeit, Stimmungstief) den Symptomen sehr ähnlich sind, zu deren Bekämpfung man überhaupt erst zum Suchtmittel griff.

Das Suchtverhalten ist nur die Spitze des Eisbergs, und zu dem, was unter der Wasseroberfläche liegt, gehört höchstwahrscheinlich irgendeine Form von Angst, die mitunter allen anderen verborgen bleibt, vielleicht sogar den Betroffenen selbst. Warum aber ist es wichtig, sie zu erkennen, wenn sie doch unsichtbar bleibt?

Top-Tipps für den Umgang mit der Sucht

Top-Tipp 1
Das Suchtverhalten als solches zu erkennen und sich einzugestehen ist der erste Schritt zu seiner Überwindung. Annas Übung »Den Mustern auf der Spur« kann dir dabei eine wertvolle Hilfe sein. Vielleicht gefallen dir die Muster, die du dabei aufspürst, nicht besonders, aber es ist ein idealer Ausgangs-

punkt, um die »schlechte« Angewohnheit zu durchbrechen und über ein paar »positive Methoden des Stressmanagements« nachzudenken, die du in dein Leben integrieren kannst.

Top-Tipp 2
Was könntest du stattdessen tun, um ein gleichwertiges Ergebnis zu erzielen? Könntest du das Suchtverhalten in ein Verhalten der »Selbstfürsorge« verwandeln? Dafür kommen infrage: Joggen, Radfahren, Yoga, Meditation, Achtsamkeit, Gartenarbeit, Heimwerken, Angeln, Kochen, Musikhören, Musizieren, Malen, Stricken – kurz: alles, was langfristig mehr Freude/Entspannung in dein Leben bringt.

Anna berichtet von ihrer Klientin Sarah, deren Suchterkrankung sich über Jahre hinzog, bevor sie Unterstützung erhielt. In meiner Arbeit mit Kindern und Jugendlichen denke ich oft über diesen Aspekt der frühzeitigen therapeutischen Hilfe nach, vor allem wenn es um erfolgreiche Angstbewältigung geht. Wenn man schon Kinder dazu anhält, sich ihr persönliches »Handwerkszeug« gegen die Angst aufzubauen, legt man damit im Idealfall den Grundstein für ein lebenslanges gelungenes Angstmanagement – und vermittelt zugleich, dass es in Ordnung ist, über Ängste zu sprechen. Leider bemühen sich Eltern nicht immer um therapeutische Lösungen für die psychischen Probleme ihrer Kinder, häufig aus Furcht vor Stigmatisierung. Das ist ein sehr wesentlicher Umstand, da etwa die Hälfte aller psychischen Erkrankungen in der Kindheit ihren Anfang nimmt. Weitere Informationen zum Thema «Angstzustände bei Kindern« findest du im Anhang.

7.

BESCHWERDEN, SCHMERZEN UND DER GEPLAGTE KÖRPER – DAS »ALLES TUT WEH«-GEFÜHL

Annas Notfallbox

REGULIERE DEINEN ATEM Bei Weitem das wichtigste Mittel, um zu entspannen, zur Ruhe zu kommen und Körper und Geist in Balance zu bringen.

ZIEH DICH HERAUS Nimm dir etwas Zeit, um für einen Moment abzuschalten und dich auf etwas »anderes« zu konzentrieren: Sport, ein beruhigendes Hobby, irgendetwas, das möglichst abseits von deinem normalen Alltag liegt. Wenn du dich komplett herausziehst und mit etwas ganz anderem beschäftigst, kann dir das sehr helfen, herunterzukommen und auch die körperlichen Symptome der Angst zu reduzieren.

SAG »NEIN« ZUM STRESS Leichter gesagt, als getan, aber wenn wir wahrnehmen, dass wir gestresst sind, und unsere körperlichen Stresssymptome sich folglich auch verschlimmern, ist das die Voraussetzung, um etwas gegen den Stress und damit auch gegen die körperlichen Empfindungen zu tun.

Die Rolle des Körpers

Natürlich ist die Angst vor allem etwas, das in den Bereich der Psyche und der seelischen Störungen fällt, und bisher ging es in diesem Buch auch ständig darum, wie gravierend die mentalen und emotionalen Symptome der Angst sein können. Aber es gibt auch eine sehr reale körperliche Seite der Angst.

Vor vielen Monden, als ich erstmals Angst- und Panikzustände an mir bemerkte, hatte ich manchmal wirklich das Gefühl, dass es mir vor allem *körperlich* nicht gut ging und ich mich aus diesem Grund auch seelisch so mies fühlte. In Wahrheit war es genau umgekehrt: Ich war psychisch so ausgelaugt, dass mir mein Körper Signale sendete, dass etwas nicht in Ordnung ist. Und Gott sei Dank tat er es!

Die Sache ist ziemlich verzwickt: Fühlen wir uns ängstlich, *weil* es uns körperlich nicht gut geht, oder führt die Angst zu einer körperlichen Reaktion? Offenbar gibt es beide Varianten und auch die Kombination aus beiden. Ich habe mit eigenen Augen gesehen, wie irritierend es für Menschen sein kann, nicht zu wissen, was sich wodurch verschlimmert! Es ist wie mit der Henne und dem Ei.

Zu merken, dass *etwas* nicht stimmt, ist das erste Alarmzeichen, das vielleicht nötig ist, um uns wachzurütteln, damit wir von uns selbst Notiz nehmen – und das betrifft sowohl unsere seelische als auch unsere körperliche Gesundheit. Im nächsten Kapitel werde ich noch darauf eingehen, welche wunderbaren Möglichkeiten es gibt, unser bestes Selbst zu sein – mental und physisch. Aber hier wollen wir erst einmal den scheußlichen und oft lähmenden körperlichen Empfindungen auf den Grund gehen, die die Angst mit sich bringen kann.

Der Zusammenhang zwischen körperlicher und seelischer Gesundheit ist für meinen Geschmack noch nicht annähernd genug erkannt und gewürdigt, und gerade bei der Angstsymptomatik sind beide Bereiche eng miteinander verknüpft. Keiner von beiden ist mehr oder weniger bedeutsam als der andere, und auf beiden Ebenen gibt es harmlose und gravierende Beschwerdebilder. Für Menschen, die sich wie ich in der Therapiearbeit engagieren, ist es eine Riesenaufgabe, dafür zu sorgen, dass beide Aspekte als gleichrangig betrachtet werden, damit ihnen die gleiche Einsicht und Aufmerksamkeit zuteilwird. Wenn, wie gesagt, jeder Vierte irgendwann in seinem Leben an einer psychischen Störung erkrankt, dann ist das eine Statistik, die gar keinen anderen Schluss zulässt.

Leider klingt »psychische Störung« noch immer wie »Geisteskrankheit«, und das ruft Vorstellungen von düsteren Irrenanstalten, Zwangsjacken, Gummizellen und gefährlichen Psychopathen hervor – wir alle kennen die Bilder aus dem Kino –, und nur allmählich kommen wir mit der Einsicht hinterher, dass es sich dabei um krasse Klischees und nicht unbedingt um die Realität handelt. Wir müssen lernen, *beide* Aspekte unserer Gesundheit – den körperlichen wie den seelischen – zu verstehen und zu respektieren. Auch wenn Leib und Seele zwei verschiedene Seiten unseres Wesens sind, hängen sie eng miteinander zusammen. Seelische Erkrankungen sollten generell denselben Status haben, genauso anerkannt und frei von Stigmatisierung sein wie körperliche Krankheiten, aber davon sind wir noch ziemlich weit entfernt.

Um dir eine Idee davon zu geben, was ich damit meine, dass körperliche Krankheiten weit mehr Akzeptanz finden: Vielen Menschen fällt es viel leichter, zu sagen, dass sie Bauchschmerzen haben oder dass ihnen schwindelig ist (das körperliche Symptom), als über ihre Angst und Bedrängnis zu sprechen (das seelische Symptom). Angstzustände werden körperlich *und* seelisch erfahren, und trotzdem fühlen wir uns wohler damit, uns hinter den körperlichen Symptomen zu verstecken. Wir sind gesellschaftlich darauf geprägt, ein körperliches Problem akzeptabler zu finden als ein seelisches, und das finde ich traurig und bedenklich.

Was also können wir daran tun? Ich glaube, wenn wir uns selbst und anderen bewusst machen, wie eng körperliche und seelische Gesundheit miteinander zusammenhängen, dann sind wir dem Ziel, uns mit diesem ganzen Thema besser zu fühlen, schon ein ganzes Stück nähergekommen. Und es ist möglich!

Die Anzeichen erkennen

. . . .

Jedes Jahr kommen Hunderte, wenn nicht Tausende von Menschen mit der panischen Angst ins Krankenhaus, einen Herzinfarkt zu haben. Das höre ich immer wieder. Ihre Brust ist zusammengepresst, sie haben Schmerzen und bekommen keine Luft. Und natürlich haben einige von ihnen tatsächlich einen Angina-Pectoris-Anfall oder dergleichen, aber bei der großen Mehrheit handelt es sich um eine Angst- oder Panikattacke. Das ist kaum weniger furchterregend, wie ich sogleich hinzufügen muss, aber zum Glück weit weniger lebensbedrohlich – nach allem, was wir wissen, kann eine Panikattacke allein nicht tödlich ausgehen.

Aber sie macht deutlich, wie sehr sich eine bestimmte Form von Angst *körperlich* bemerkbar machen kann. Die Panikattacke ist eine massive physiologische Reaktion. Daneben gibt es aber noch eine ganze Reihe anderer körperlicher Symptome, über die Angstzustände zum Ausdruck kommen können, unter anderem:

- Schmerzen in Nacken und Schulter
- Gliederschmerzen
- Kopfschmerzen
- Migräne
- Magengeschwüre
- Bauchschmerzen
- Reizdarm
- Schluckstörungen (Dysphagie), »Kloß im Hals« (Globussyndrom)
- Kribbelgefühl
- Schwindel

In meinem
Kopf ist Chaos

und in meinem
Körper auch

Die perfekte Kombi!

Es gibt Verschiedenes, das man dagegen unternehmen kann. Zunächst ist es sehr wichtig, zu deinem Hausarzt zu gehen und ihm deine Beschwerden zu schildern, einfach, um die Sache aus dem Kopf zu bekommen und anderes auszuschließen, was man eventuell weiter abklären müsste. Eine Selbstdiagnose über das Internet ist niemals zu empfehlen, weil es so viele widersprüchliche, zum Teil auch falsche und Angst einflößende Aussagen gibt, dass man sich das besser gar nicht erst antut, vor allem dann, wenn man sehr ängstlich veranlagt ist. Geh also lieber zum Arzt, lass dich gründlich untersuchen und vertraue auf seinen fachlichen Rat, bevor du auch nur daran *denkst*, im Internet zu recherchieren.

Um die körperlichen Beschwerden zu bessern, kannst du außerdem Entspannungs- und Atemtechniken einsetzen. Wenn der ganze Körper unter Spannung steht, können die körperlichen Symptome sehr massiv sein – denke an eine bis zum Anschlag aufgezogene Feder. Es gibt einen direkten Zusammenhang zwischen Anspannung und bestimmten Beschwerden. Wer kennt nicht das qualvolle Grummeln im Bauch, wenn man unter Stress und Anspannung steht, sodass man glaubt, es kaum noch bis zur Toilette zu schaffen? Viele Leute leiden auch unter »Spannungskopfschmerzen« oder Verspannungen in Nacken, Rücken und Schultern, wenn sie ängstlich oder gestresst sind. Im Lauf der Jahre habe ich das selbst alles durchgemacht.

Ich führe dich gleich noch durch meine Lieblingsentspannungsübung, die dir dabei helfen soll, den körperlichen Symptomen der Angst etwas von ihrer Wucht zu nehmen. Vorher will ich aber noch ein paar andere beliebte Methoden anführen, mit denen wir wirklich einen umsichtigen Umgang pflegen und es auf keinen Fall übertreiben sollten.

Eine Tablette gegen den Schmerz einwerfen

Im letzten Kapitel ging es um Suchtverhalten, insbesondere in Bezug auf Alkohol, Drogen und bestimmte Verhaltensweisen, bei denen wir ebenfalls aufpassen müssen, nicht auf einen verhängnisvollen Weg der Angstbewältigung zu geraten.

Auch bei körperlichen Schmerzen und Beschwerden ist es üblich, etwas »einzuwerfen«, was in vielen Fällen ja auch durchaus vernünftig sein kann. Bei Kopfschmerzen greifen wir normalerweise zu Paracetamol oder Aspirin, bei starken Schmerzen, einer Erkrankung oder nach einer Operation verschreibt uns der Arzt eventuell wirksamere Medikamente wie Tramadol oder Oxycodon.

Es kommt aber auch vor, dass mit dem automatischen Griff zur Tablette entweder die eigentliche Ursache der Schmerzen, ob seelisch oder körperlich, lediglich überdeckt wird oder auch gar kein Schmerz vorhanden ist: Wir nehmen das Schmerzmittel dann wegen seiner betäubenden, entspannenden oder euphorisierenden Wirkung und können auch auf diese Weise, ohne es zu merken, in ein gefährliches Suchtverhalten abgleiten.

Aufgrund der leichten Verfügbarkeit von Schmerzmitteln wird Tablettenmissbrauch und -abhängigkeit immer mehr zu einem gewaltigen Problem. Durch die Tatsache, dass viele Schmerzmittel freiverkäuflich sind, wird diese Form von Abhängigkeit gesellschaftlich mehr toleriert und ist – unter dem Vorwand der Schmerzbekämpfung – auch leichter zu kaschieren.

In den Medien wird laufend über prominente Fälle berichtet, bei denen ein Cocktail aus verschreibungspflichtigen und rezeptfreien Medikamenten, die hochgradig suchterzeugend sind, zu einem massiven Absturz geführt hat. Wenn der Arzt ein legales Medikament verschreibt, kann das leicht als eine Art Freibrief aufgefasst werden, damit etwas zu nehmen, das »legitimer« ist als Alkohol oder Drogen. Aber mach dir bitte nichts vor, rezeptpflichtige Medikamente wie Oxycodon können ebenso schädlich sein und süchtig machen wie eine wirklich harte Droge, etwa Heroin. Das ist heftiges Zeug.

In vielen Fällen leiden Menschen, die rezeptpflichtige Medikamente nehmen, unter Depressionen, Angstzuständen, Schlafstörungen usw., und wenn die eine Tablette dazu dient, ein Symptom zu lindern oder zu überdecken, muss eine weitere her, die aufputscht. Je mehr man von einer bestimmten Substanz konsumiert – und dazu gehören auch Medikamente, selbst die milderen –, desto mehr entwickelt der Körper eine entsprechende Toleranz, und folglich »braucht« man immer mehr, um denselben Effekt zu erzielen.

Es ist ein ganz wichtiger Teil unserer Selbstwahrnehmung, es zu erkennen, wenn wir ein psychisches Problem mit Medikamenten überdecken, die eigentlich zur Linderung einer körperlichen Symptomatik gedacht sind. Falls das auf dich zutrifft, ist es superwichtig, dir Hilfe bei deinem Arzt oder einem Therapeuten zu suchen, um a) die Abhängigkeit von den Medikamenten in den Griff zu bekommen, und b) die zugrunde liegenden Ursachen anzugehen.

John und die Schmerztabletten

. . . .

John, einer meiner Klienten, litt jahrelang unter einer speziellen Form von Agoraphobie. Jedes Mal, wenn er sich weiter von zu Hause wegbewegen musste, machte ihn das zum »Nervenbündel«, wie er selbst sagte. Die Panik, das Haus zu verlassen und es aus irgendeinem Grund nicht mehr zurückzuschaffen, machte sich immer mehr in ihm breit. Außerdem hatte er Angst, dass in der Zwischenzeit jemand aus der Familie sterben könnte. Die Ursache für Johns Ängste lag in einem Jugenderlebnis, das er niemals richtig verarbeitet hatte. Wenn es dann in späteren Jahren Anlässe wie einen Betriebsausflug gab oder die Hochzeit eines Freundes, Anlässe also, denen er nicht *jedes Mal* aus dem Weg gehen konnte, hatte er im Vorfeld üble Magenschmerzen, quälenden Durchfall und Migräne.

Regelmäßig ging er dann zum Arzneischrank und schluckte ein paar Pillen hiervon, ein paar Tabletten davon, um so sein körperliches Unbehagen zu »kurieren«. Entweder zwang er sich dann dazu, sich trotzdem auf den Weg zu machen, oder aber die Angst war so groß, dass sie ihn ans Haus fesselte, woraufhin er »Krankheit« vorschützte. In diesem Fall ging es ihm wie durch ein Wunder schlagartig besser, und die Magenschmerzen und Migräneanfälle waren so gut wie verschwunden.

Schon bald aber stellte das Leben John vor neue Herausforderungen mit neuen Anlässen, denen er sich nicht entziehen konnte und die ihn zwangen, die Sicherheit seines trauten Heims zu verlassen. Und damit fing seine »Methode« an, aus dem Ruder zu laufen. Die Entlastung, die er anfänglich durch die Tabletten verspürt hatte, wenn er sich den gefürchteten Unternehmungen stellte, begann sich zu verlieren, und die Schmerzen und Beschwerden kehrten zurück. Da sie ihn jetzt kaum noch losließen, griff er immer häufiger zu den Tabletten, bis es so weit kam, dass er seinen Pillencocktail »für alle Fälle« einwarf, ohne dass es einen konkreten Anlass dafür gab. Sein Tablettenkonsum war außer Kontrolle geraten, und er war in den Fängen der Abhängigkeit.

Zum Glück suchte sich John angesichts dieser wachsenden Problematik Hilfe bei seinem Hausarzt und einer Therapeutin (also mir). Gemeinsam schafften wir es, dass er von den Tabletten loskam und sie nur noch dann nahm, wenn es wirklich nötig war. Gleichzeitig arbeiteten wir an dem eigentlichen Problem und den tiefer liegenden Ursachen.

Meine Oma und der Fluch der Schlaftabletten

Als ein weiteres Beispiel dafür, wie leicht wir in die Abhängigkeitsfalle tappen können, wenn wir die körperlichen Symptome der Angst mit Tabletten bekämpfen, anstatt uns mit den eigentlichen Ursachen auseinanderzusetzen, möchte ich den Fall meiner geliebten Großmutter anführen, die leider vor ein paar Jahren starb. Sie hätte sicher nichts dagegen, dass ich hier ihre Geschichte wiedergebe, zumal ihr das oft unterschätzte Thema Altersdepression, an der sie selber litt, ein echtes Anliegen war. Daher ermutigte sie mich sogar, über ihre Erfahrungen damit zu berichten.

Meine Oma war eine unabhängige alte Dame mit einer starken Persönlichkeit. Nachdem sie bereits viele Jahre lang gesundheitliche Probleme gehabt hatte – wegen ihrer schlimmen Hüfte war sie nicht mehr gut zu Fuß –, fing sie im hohen Alter von dreiundneunzig Jahren abends an zu zittern, was ihr große Angst machte, und sie schreckte in der Nacht hoch. Schließlich fand ich heraus, dass die Ursache dafür in einem ihrer vielen Krankenhausaufenthalte lag, als sie Zeugin wurde, wie eine ältere Zimmergenossin in der Nacht verstarb und einige Zeit darauf »in einem schwarzen Reißverschlusssack weggekarrt wurde«, wie sie sich ausdrückte, und zwar offenbar in den Leichenkeller.

Auf meine Großmutter, die ihre körperliche Behinderung mit ihrem regen und jugendlichen Verstand mehr als wettmachte, hatte dieser traurige, wenn auch alltägliche Vorfall eine enorme Wirkung. Sie sog jeden Augenblick der Szene, die sich vor ihren Augen abspielte, in sich auf, und war davon mehr verstört, als irgendjemand ahnen konnte. Von da an fürchtete sie sich davor, alt und gebrechlich zu sein, sich nicht mehr aus eigener Kraft fortbewegen zu können und eines Nachts allein zu sterben.

Nachdem sie aus dem Krankenhaus entlassen und wieder zu Hause war, hatte sich dieser Gedanke derart in ihr festgesetzt, dass sie schwere Angst- und Panikattacken bekam, die vor allem in den Nächten auftraten – die sie nun zu fürchten begann, da sie ihre alte Zimmergenossin in den einsamen Nachtstunden ihrem Schöpfer hatte gegenübertreten sehen. Es war eigentlich offensichtlich, dass bei ihr eine Form von unbehandelter PTBS vorlag, und gemeinsam bemühten wir uns darum, deren eigentliche Ursache aufzudecken und aufzuarbeiten, um ihr diese schrecklichen Ängste zu nehmen. Aber bevor wir dabei den Durchbruch schafften, hatte man meiner Großmutter in einem höchst bedenklichen Umfang Medikamente gegen die körperlichen Symptome verschrieben, von denen viele als »Altersbeschwerden« durchgingen. Dazu gehörten Schlaftabletten, Betablocker und was weiß ich noch alles – jedenfalls war es ein ganzes Pillenarsenal! Natürlich stand sie dabei unter ärztlicher Aufsicht, aber ihr war nicht wohl dabei, all diese Tabletten gegen ihre vielen Beschwerden zu nehmen.

Die Abhängigkeit von den Medikamenten und deren Nebenwirkungen machten meiner Oma zunehmend zu schaffen, und die Benommenheit, mit der sie morgens zu kämpfen hatte, war für sie mehr als nur ein bisschen lästig. Immer mehr Menschen benutzen Schlaftabletten als Mittel gegen die Angst, und falls du selbst nicht abgeneigt bist, auf diese Weise »nachzuhelfen« (oder jemanden kennst, der es tut), dann ist erhöhte Wachsamkeit geboten.

Was meine geliebte Oma betrifft, so lag bei ihr ein relativ eindeutiger Fall von Angststörung vor, die durch ein belastendes Erlebnis ausgelöst worden war und sehr stark über den Körper zum Ausdruck kam. Die Tabletten, die man ihr wohlmeinend verschrieb, überdeckten aber nur die Symptome, während es am Ende unsere nächtlichen Gespräche waren, die ihr Halt gaben und letztlich Wunder wirkten. Hier wird, glaube ich, gut erkennbar, wie eng ein körperliches Symptom mit einem zugrunde liegenden seelischen Problem zusammenhängen kann und von diesem verstärkt wird. Ist es nicht ein beklemmender Gedanke, dass wir mit den scheinbar so »normalen« und

»harmlosen« Mitteln zur Alltagsbewältigung tatsächlich so leicht in die Abhängigkeit geraten können?

Die nun folgende Übung führte ich mit meiner Oma durch, wenn sie abends von den körperlichen Symptomen geplagt wurde, wie den Engegefühlen in der Brust und den Zitteranfällen.

Entspannung total

Yoga-Fans sind mit dieser Form der Komplettentspannung von Körper und Geist vielleicht schon vertraut. Es handelt sich dabei um eine sehr einfache und zugleich effektive Methode, körperliche Anspannung und Beschwerden erheblich zu reduzieren. Denke immer daran, dass du die Macht hast und in der Lage bist, jedes körperliche Unbehagen, das einen mentalen oder emotionalen Auslöser hat, zu »kontrollieren«. Vielleicht machst du dir von dieser Übung deine eigene Tonaufnahme oder lässt dich von einem Freund oder einer Freundin durch sie führen, um die Erfahrung zu vertiefen.

Nimm eine möglichst bequeme Haltung ein. Am besten legst du dich dazu hin, aber es geht auch im Sitzen. Mach es dir so behaglich wie möglich. ☉ Mach dir eventuelle Hintergrundgeräusche bewusst ... Nimm wahr, dass sie da sind, und wenn du nichts daran ändern kannst, dann akzeptiere sie gelassen. Wenn du in ein ruhiges Zimmer gehen kannst, vielleicht mit etwas sanfter Musik, umso besser. ☉ Mach dir bewusst, dass du in Sicherheit bist. Halte dir vor Augen, was dich sicher fühlen lässt: z.B. deine Familie, die du ganz in deiner Nähe weißt oder mit einem Telefonanruf erreichen kannst. Auch dein Arzt ist nicht aus der Welt, und es gibt Nachbarn, an die du dich wenden kannst, wenn du wirklich Hilfe brauchst. Lass dich von diesem Gefühl der Sicherheit tragen. ☉ Als Nächstes bringen wir die Aufmerksamkeit allmählich und behutsam zum Körper und entspannen nach und nach jeden einzelnen Körperbereich. ☉ Nimm dazu zunächst einen langsamen und tiefen Atemzug durch die Nase, bis deine Lungen ganz gefüllt sind, und atme dann langsam wieder aus. Wiederhole das einige Male, um den Entspannungsprozess in Gang zu bringen – richtiges Atmen ist ein natürlicher Spannungslöser. ○ Beginne mit dem Kopf. Nimm wahr, wie er immer schwerer wird, je mehr du entspannst. Atme weiter langsam ein und aus und lass deinen Kopf mit jedem Atemzug noch schwerer werden, bis alle Anzeichen von Anspannung verschwunden sind. ○ Bring dann deine Aufmerksamkeit zum Nacken und zu den Schultern. Atme weiter langsam und tief und nimm wahr, wie sich mit jedem Atemzug in Nacken und Schultern alle Spannung löst, die sich dort festgesetzt hat. ○ Setze diesen »Body-Scan« fort, indem du deinen ganzen Körper von oben nach unten durchgehst, während du alle Verspannungen wahrnimmst und loslässt. Gehe vom Kopf, vom Nacken und von den Schultern langsam weiter zum Rumpf und Bauch, zu den Armen, Händen und Fingern, dann zum Rücken und Po, den Oberschenkeln, Waden, Füßen und Zehen, indem du überall eine Zeit lang verweilst … ○ Wenn du willst, kannst du den entsprechenden Körperteil ein wenig hin und her bewegen (wo es möglich ist) – das ist eine gute Methode, um zu »checken«, ob sich alle Spannung gelöst hat. ○ Wenn du deinen ganzen Körper vom Scheitel bis zur Sohle durchgegangen bist, dann bleibe im Anschluss noch eine Weile liegen/sitzen, um einfach nur zu »sein«. Nimm die Entspannung im Körper wahr und genieße das Gefühl, dass du die körperlichen Symptome, die du noch ein paar Minuten zuvor verspürt hast, wirklich lindern KANNST. Ein klarer und ermutigender Beweis dafür, dass du die Kontrolle über deine Angst hast – und nicht umgekehrt. ○ Gut gemacht!

Meine Geschichte

. . . .

Überall in diesem Buch geht es mir darum, offen und aufrichtig über meine eigenen Erfahrungen im Umgang mit der Angst zu sprechen. Je mehr wir alle über seelische Störungen wissen, umso besser, und dieses Kapitel, in dem es um körperliche Beschwerden und Schmerzen geht, bildet da keine Ausnahme. Ich hatte das Gefühl, dass es einen wichtigen Bestandteil dieses Ratgebers darstellt, da im Rückblick meine eigenen Erfahrungen mit den körperlichen Symptomen von Angst und Stress ein so deutlicher Hinweis auf das waren, was in mir vorging, dass ich mir wünschte, damals einsichtiger gewesen zu sein.

Ich bin eine große Anhängerin des Prinzips »Vorbeugen ist besser als Heilen«, und frühzeitige Intervention kann dort, wo sie möglich ist, zu einem völlig anderen Verlauf führen. Wenn ich damals gewusst hätte, dass die Schmerzen und Beschwerden, die ich Tag für Tag hatte, so eng mit meiner psychischen Verfassung zusammenhingen, dann wäre ich – das *weiß* ich – viel früher in der Lage gewesen, mir die richtige Unterstützung zu suchen. Wer weiß, vielleicht hätte ich dann einige meiner späteren Symptome gar nicht erst entwickelt. Irgendwie bin ich aber auch froh darüber, denn so kann ich dir sowohl aus einem persönlichen als auch einem professionellen Blickwinkel davon erzählen, was ich selbst durchgemacht habe. Ich gehöre ganz klar zu den Menschen, für die das Glas halbvoll ist!

Was ist es also, das ich durchgemacht habe? Wie in einigen der schon beschriebenen Fälle haben sich auch bei mir ausgeprägt körperliche Symptome gezeigt. Ausgelöst wurden sie durch meine erste große Panikattacke (mein persönliches Traumaereignis – der »Trigger«) und die Angstzustände, die ich praktisch täglich hatte. Jeden Morgen führten meine Gedärme einen wahren Veitstanz auf. Die krampfartigen Unterleibsschmerzen, die damit einhergingen, waren *wirklich* alles andere als lustig, und ich hatte alle Mühe, den plötzlichen Entleerungsdrang unter Kontrolle zu halten. Besonders unangenehm war das während der langatmigen Drehbuch-Meetings.

Die Kopfschmerzen und Verspannungen im Nacken waren bei mir schon Dauerzustand, und es ist ein Elend, wenn stechende Kopfschmerzen und steife Schultern zur Regel werden. Als Teenager litt ich unter Migräne und Spannungskopfschmerzen, die damals ein Professor, eine Koryphäe aus London, bei mir diagnostiziert hatte. Und obwohl sie während der Pubertät allmählich verschwanden, ging ich irgendwie davon aus, dass sie zurückgekehrt waren. Und wenn du nicht gerade ein ausgemachter Hypochonder bist, ist es eben leider oft so, dass deine eigene Diagnose lautet: »Ach, *das ist es schon wieder*« oder »*Ich bin nicht wirklich krank*« oder »*Mit ein oder zwei Paracetamol wird das schon weggehen*«, während in Wahrheit mehr dahinterstecken könnte.

Ich hielt es nicht für nötig, mit irgendjemandem über diese scheinbar so unwichtigen körperlichen Probleme zu reden, und dachte, es wäre Lampenfieber (das Toilettenproblem!) und der alte Kopfschmerz, den ich vielleicht genauso in den Griff bekommen konnte wie früher auch, das heißt mit Tabletten. Mir kam überhaupt nicht der Gedanke, dass all das mit der Angst, dem Stress und den Panikattacken zusammenhängen könnte, gegen die ich mich so verzweifelt zur Wehr setzte.

Natürlich gab es Anzeichen, ich war damals aber einfach nicht dafür offen und zu sehr damit beschäftigt, mit allem »klarzukommen«.

Ich ging zu meiner Thai-Masseurin um die Ecke, um mir von ihr den Kopf massieren und die Schultern durchwalken zu lassen, hatte dabei das Handy aus und lauschte den beruhigenden Panflötenklängen. Nach so einer Sitzung war ich dann zehnmal mehr »ich selbst«, hatte ein selten erlebtes Gefühl von Leichtigkeit und Freiheit, und vor allem: Ich war schmerzfrei. Aber natürlich schaffte das nur vorübergehend Abhilfe. Nach einem Tag war davon nichts mehr zu spüren, die Angst und der Stress hatten wieder von mir Besitz ergriffen, und damit waren auch die Kopfschmerzen, Nackenverspannungen und Magenverstimmungen wieder da.

Auch heute noch, wo ich es ja erklärtermaßen »besser weiß«, bin ich nicht davor gefeit. Wenn ich einen besonders schweren Tag habe, spüre ich auch wieder das ängstliche Beben in der Brust und habe das Gefühl, vollkommen überfordert zu sein. Wenn ich dann vergesse, mich an meine geliebten »Angstbewältigungs-Prinzipien« zu halten (auch ich bin nur ein Mensch), stellen sich schnell auch wieder der stechende Kopfschmerz und die Verspannungen im Nacken ein. Nicht zuletzt mein revoltierender Darm gibt mir dann zu verstehen, dass ich dringend RUHE brauche. Es ist mein persönliches Frühwarnsystem, das mich daran erinnert, dass ich mich mal wieder um meinen mentalen und emotionalen Zustand kümmern muss – gelungene »Teamarbeit« sozusagen.

In der nächsten Übung geht es mal wieder um Selbstwahrnehmung. Ich finde sie sehr nützlich, um mir klarzumachen, wie eng mein Geist und Körper zusammenwirken. Außerdem hilft sie dabei, seelische und körperliche Symptome zu lindern oder gar nicht erst entstehen zu lassen.

Übungsalarm

Diese Übung soll uns bewusst machen, wie viel unsere Körpersprache über uns aussagt und umgekehrt in uns selbst bewirkt. Wenn wir aufrecht sitzen, mit zurückgenommenen
Schultern und einem breiten Lächeln auf dem Gesicht, dann
fühlen wir uns wahrscheinlich glücklicher, positiver gestimmt
und den Dingen mehr gewachsen, als wenn wir vornüberge-
beugt mit gerunzelter Stirn dasitzen, als würden wir unsere
Schnürsenkel inspizieren. Dann ist es eher wahrscheinlich,
dass wir deprimiert sind und wenig Optimismus und Motivation verspüren.

Umgekehrt können unsere »Haltung« und die Art, wie wir uns
körperlich zum Ausdruck bringen, dazu beitragen, dass wir
uns entspannter fühlen, weniger unter körperlichen Symptomen zu leiden haben, und damit auch unsere Stimmung verbessern. Das Resultat: ein entspannteres, ausgeglicheneres
und sowohl körperlich als auch seelisch gesünderes Selbst.

Zuerst kommt wieder der kreative Teil, in dem du den »Zustand« wählst, in dem du gerne sein möchtest, also optimis-
tisch, entspannt, ruhig, sorglos usw. ☺ Lass die Gefühle und
Verhaltensweisen, die mit diesem Zustand verbunden sind, zu
und nimm sie wirklich wahr. Wenn du als deinen Zustand beispielsweise »entspannt« gewählt hast, atmest du vielleicht
unwillkürlich tief ein, nimmst die Schultern zurück und
machst es dir auf deinem Stuhl bequem. ☺ Versetze dich im
Geiste in eine Szene, in der du diesen neuen Zustand noch
besser erfahren kannst. Male dir dazu in deiner Fantasie einen

passenden Ort aus (eventuell schließt du dazu auch die Augen, um dich besser konzentrieren zu können). Vielleicht ist es dein Wohnzimmer, eine gemütliche Küche oder eine Sonnenliege am Strand ... Überlasse dich ganz deiner Fantasie, während sie dich an deinen Wunschort trägt, und erschaffe eine möglichst intensive Visualisierung. ☉ Nun möchte ich, dass du innerlich aus der Szene »heraustrittst« – also aus einem entfernten Blickwinkel dir selbst zuschaust. Betrachte von außen deinen neuen Seins- und Erfahrungszustand und bessere nach Belieben an deinem »neuen« Erscheinungsbild nach: Hast du ein Lächeln auf den Lippen, ist dein Kopf erhoben, liegst du entspannt da, genießt du mit geschlossenen Augen den Wind, sind deine Schultern gelockert, hast du die Beine übereinandergeschlagen oder weit ausgestreckt? Es ist deine ganz persönliche Visualisierung, gestalte sie also so erfreulich, wie du nur kannst. ☉ Um die Szene zu vervollständigen, ergänzt du als Nächstes diesen wohligen körperlichen Zustand durch die entsprechenden Empfindungen und Gefühle. Vielleicht fühlen sich dein Kopf und deine Schultern leicht und locker an, oder du bist vollkommen relaxt, vielleicht denkst du auch an all die kleinen Dinge, die dich glücklich machen und zum Lächeln bringen. Oder du beglückwünschst dich selbst und bist dankbar dafür, dass du umsichtig genug warst, dir diese Auszeit zu nehmen. ☉ Schließlich möchte ich, dass du wieder in dich selbst »zurückkehrst« (also wieder in deine eigene Haut schlüpfst und aus deinen eigenen Augen herausschaust). Erfahre diese wundervolle Szene aus erster Hand und mit aller Intensität. Genieße die positiven Gefühle und bringe den erwünschten Zustand auch durch dein Verhalten zum Ausdruck. Lass dich so gut es geht darauf ein, atme dabei ruhig und tief. Nimm dieses Wohlgefühl und dein »neues Ich« dann mit in den Tag.

Zweck dieser Übung ist, dich in relativ kurzer Zeit in einen positiven Zustand zu versetzen, ob du sie im Stillen an deiner Arbeitsstelle ausführst, zu Hause oder auch während einer Zugfahrt. Es kann enorm hilfreich sein und eine augenblickliche Veränderung bewirken, wenn du erkennst, dass du selbst etwas an der Art und Weise tun kannst, wie du dich körperlich und seelisch fühlst. Ich mache diese Übung, wann immer ich die ersten Anzeichen von Stress an mir wahrnehme, und es gelingt mir so jedes Mal, mich wieder in einen entspannten und optimistischen Zustand zurückzubringen.

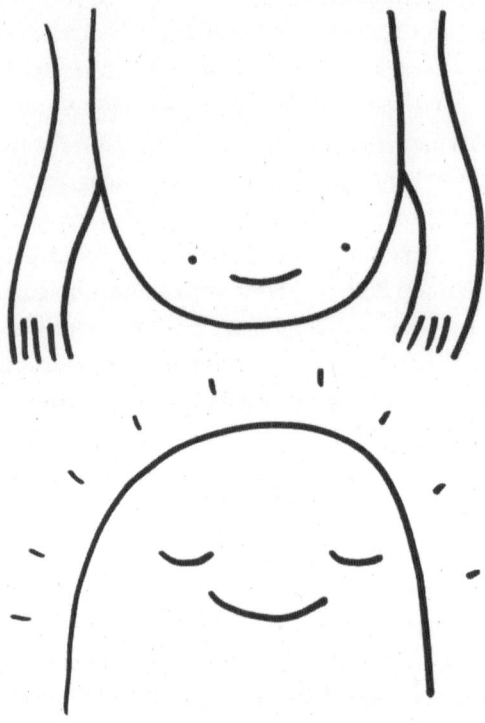

Prävention und frühzeitige Intervention

Wie schon gesagt, halte ich sehr viel davon, rechtzeitig etwas gegen Unwohlsein, Beschwerden und Schmerzen als Symptome von Stress und Angst zu unternehmen, und zwar *bevor* sie nur noch schwer in den Griff zu bekommen sind.

In den nächsten zwei Kapiteln werde ich noch näher darauf eingehen, wie wir gut mit uns selbst umgehen können. Zuvor liste ich aber noch ein paar bewährte Methoden auf, die eine echte Hilfe bei körperlichen Symptomen sein können, wie sie hin und wieder auftreten.

Ich habe sie alle selbst ausprobiert, und es ist bestimmt auch etwas Passendes für dich dabei. Besprich dich aber in jedem Fall mit deinem Hausarzt, um weitergehenden Behandlungsbedarf auszuschließen.

- Massage – kann ich nicht genug empfehlen. Ob Sport-, Thai- oder klassische Massage, es handelt sich um eine wunderbare Möglichkeit, Verspannungen zu lösen und die Schmerzen zu lindern, die sie verursachen können.
- Akupunktur – nicht jedermanns Sache, weil nicht jeder auf Nadeln steht. Aber ich persönlich finde diese ganzheitliche Behandlungsmethode genial, um Stress und Angst abzubauen und damit auch den Druck vom Körper zu nehmen.
- Reflexzonenmassage – eine herrlich entspannende Form der Fußmassage. Wenn sich Stress und Angst im Körper festgesetzt haben, lassen sie sich anhand entsprechender Druckpunkte an den Füßen aufspüren und behandeln.
- Reiki – eine spirituelle Heilungsmethode durch Handauflegen, bei der der Therapeut über seine eigene Körperwärme und Energie »Blockaden« im Körper erspürt und die Energie wieder zum Fließen bringt.

Dr. Reetta Newell sagt ...
Beschwerden, Schmerzen und
der geplagte Körper

Wie bereits von Anna geschildert, hängen körperliche und seelische Gesundheit sehr eng miteinander zusammen. Heute ist es eine weitgehend anerkannte Tatsache, dass »Körper« und »Seele« nicht als getrennt zu betrachten sind – ist der Körper krank, erhöht das die Wahrscheinlichkeit, dass auch die Seele krank wird, und umgekehrt.

Wenn körperliche Beschwerden und Schmerzen bei dir an der Tagesordnung sind, bist du wahrscheinlich überrascht zu hören, dass dir ein psychologischer Ansatz helfen kann. Selbst wenn sich das tatsächliche Schmerzniveau nicht ändert, kann doch eine Überprüfung der Gedanken und Verhaltensweisen in Bezug auf den Schmerz den Umgang damit verändern und dazu führen, dass man neue Bewältigungsstrategien entwickelt. Vielleicht nehmen dir psychologische Techniken nicht den Schmerz, aber sie können dir das Gefühl vermitteln, dein Leben besser im Griff zu haben. Vielleicht hast du auch schon eine schädliche Angewohnheit angenommen oder steckst in einem »Teufelskreis«, in den man leicht hineingerät, wenn man sich körperlich nicht wohlfühlt, was aber im Umgang mit dem Schmerz nicht gerade förderlich ist.

Annas Übungssektionen helfen dir, besser mit den körperlichen Symptomen zurechtzukommen, indem sie dich zur Entspannung anleiten. Regelmäßige Entspannungsübungen helfen nicht nur gegen die Angst, sondern können auch spannungsbedingte Beschwerden wie Kopf- und Rückenschmerzen lindern.

Top-Tipps für den Umgang
mit körperlichen Symptomen

Top-Tipp 1

Sieh dir deinen »Teufelskreis« genauer an. Mach dir dazu zunächst deine Gedanken, Gefühle, Verhaltensweisen und körperlichen Empfindungen in Bezug auf den Schmerz bewusst. Notiere dir die Ergebnisse auf einem Blatt Papier, und versuche, mithilfe von Pfeilen Beziehungen herzustellen. Wenn du z. B. *denkst:* »Dieser Schmerz ist furchtbar, ich halte das nicht aus«, kann das dazu führen, dass du dich deprimiert *fühlst,* woraus folgt, dass du weniger *tust,* weil du dich erschöpfter fühlst und mehr leidest. Das wiederum senkt die Schwelle für das Schmerzerleben und lässt dich noch mehr unter den Beschwerden leiden *(körperliche Empfindungen).* Frage dich dann, wie du aus deinem »Teufelskreis« aussteigen kannst.

Top-Tipp 2

Wenn du deine Gedanken hinterfragst, kann dir das dabei helfen, Wege zu finden, um deine Situation konstruktiver und realistischer zu bewerten. Möglicherweise leidest du unter einer chronischen Krankheit, sodass nicht zu erwarten ist, dass die Schmerzen verschwinden – glaubst du, dass du lernen kannst, mit ihnen zu leben?

Top-Tipp 3

Vielleicht musst du auch die Balance zwischen Arbeit und Erholung neu überdenken? Versuche, ein Gleichgewicht herzustellen, bei dem weder die Arbeit noch das Vergnügen, noch soziale Kontakte und Erholung zu kurz kommen. Kannst du mehr Dinge tun, die gut für dich sind, weil sie deine Aufmerksamkeit fordern oder dich ablenken, und weniger Dinge tun, die schlecht für dich sind, wie die gedankliche Beschäftigung mit dem Schmerz?

8.

ERNÄHRUNG UND BEWEGUNG – DAS »ICH SCHAFF DAS NICHT«-GEFÜHL

Bewegung als Therapie

Vielleicht fragst du dich jetzt, was Bewegung und Ernährung mit der Angst zu tun haben sollen? Schließlich geht es in diesem Buch ja nicht gerade darum, Kniebeugen, Ausfallschritte und Rohkost zu propagieren. Andererseits hat sich gerade in den vergangenen Jahren der Zusammenhang zwischen einem gesunden Körper und einem gesunden Geist in überwältigender Form bestätigt. Weiter unten komme ich noch speziell auf das Thema Ernährung zu sprechen und darauf, was »Leib und Seele zusammenhält«. Aber zunächst ein paar Worte zum schweißtreibenden Part.

Es ist zur Genüge bekannt, wie gut Bewegung für die Gesundheit und zur Krankheitsvorbeugung ist. Wohl jeder von uns wurde schon einmal in ein ärztliches Verhör darüber genommen, wie es mit unserer Gesundheit im Allgemeinen bestellt ist, ob und wie viel Sport wir treiben und wie wir es mit Speis und Trank halten. Viele können es bestimmt schon nicht mehr hören: Aber nachdem ich die positive Wirkung eines vernünftigen Ernährungs- und Bewegungsprogramms am eigenen Leib erfahren habe, kann ich mit Fug und Recht behaupten, dass man gar nicht genug Wert darauf legen kann, um die Angst in Schach zu halten.

Bewegung ist für die mentale Stabilität unabdingbar. Sie wirkt Stress und Erschöpfung entgegen, verbessert Aufmerksamkeit, Konzentration und allgemein die Gehirnfunktion. Wie wir wissen, gehören Stress und Angst einfach zum Leben dazu. Entscheidend ist unser Umgang damit. Stress wirkt sich auf das Nervensystem aus, auf den Hormonhaushalt (durch die Ausschüttung von Cortisol und Adrenalin), erhöht die Muskelspannung (was zu quälenden Kopf- und Nackenschmerzen führen kann) und beeinflusst die Atmung (weil wir schwerer atmen, um mehr Sauerstoff aufzunehmen). Mit alledem wirkt sich Stress in einer Art Kettenreaktion auf den ganzen Körper aus. Aber es gibt auch eine gute Nachricht, und die lautet, dass wir alle das Gegenmittel in uns tragen: Wenn wir Sport treiben, werden Endorphine ausgeschüttet – ein Instant-Wohlfühlhormon und natürliches Schmerzmittel, das dazu beiträgt, Stress, Anspannung und Ängste abzubauen (Häkchen), den Schlaf fördert (noch ein Häkchen) und uns zu mehr Selbstvertrauen und Optimismus verhilft (großes Häkchen).

Aber was genau sind Endorphine eigentlich? Vielleicht hast du den Begriff schon im Zusammenhang mit sportlicher Betätigung gehört, aber kaum jemand weiß eigentlich so recht, um was es sich dabei handelt, nur eben, dass alle Welt davon schwärmt. Wie du ja weißt, kommt dieses Buch ohne Fachsprache aus, ich verspreche also, es auch hier möglichst einfach zu halten.

Im Gehirn haben wir sogenannte »Neurotransmitter«, kleine chemische Boten, die Signale an den übrigen Körper abgeben. Wenn diese Neurotransmitter nun durch sportliche Betätigung angeregt werden, schütten sie neurochemische Stoffe aus, die Endorphine, und diese unsichtbaren Hormone wirken wie ein natürliches (dem Morphin ähnliches) Schmerzmittel, das allgemeines Wohlbefinden und sogar Euphorie bewirken kann – ein nicht apothekenpflichtiger Angst- und Depressionskiller!

Und es kommt noch besser, denn es gibt noch andere »Glückshormone«, die wir in unserem schlauen Gehirn produzieren: Dopamin, Serotonin und Oxytocin gehören ebenfalls zu dieser »Wohlfühl«-Abteilung.

- **Dopamin** ist das »Motivations«-Hormon, das eine wichtige Rolle im Setzen und Erreichen von Zielen sowie bei der Anerkennung von Erfolgen spielt. Um einen gesunden Dopaminspiegel aufrechtzuerhalten, ist es wichtig, sich zwischendurch immer mal wieder für das Geleistete zu belohnen.
- **Serotonin** ist das »Selbstwert«-Hormon, das ausgeschüttet wird, wenn wir uns anerkannt und wertgeschätzt fühlen. Aber auch, wenn wir uns bewusst in der Dankbarkeit üben oder über das Sonnenlicht Vitamin D im Körper bilden, kann das den Serotoninspiegel erhöhen.
- **Oxytocin** ist das »Liebes«- oder »Kuschel«-Hormon, das bei körperlicher Intimität, Vertrauensbildung und dem Aufbau gesunder Partnerschaften eine Rolle spielt. Schon bei einer Umarmung kann dieses Wohlfühlhormon ausgeschüttet werden.

Der menschliche Körper ist schon ein raffiniertes Gebilde, und besonders die Endorphine sind eine wahre Wunderdroge gegen die Angst. Wenn wir einigermaßen regelmäßig den Hintern hochkriegen und uns auf etwas einlassen, das die Herzfrequenz ein klitzekleines bisschen hochtreibt, können wir damit der Angst schon GEWALTIG eins auswischen. Wir können dabei nur gewinnen, oder?

Damit aber auch das klar ist: Ich will damit nicht sagen, dass Ernährungsumstellung plus Sportprogramm eine schwere Angststörung »heilen« kann. Aber ich selbst habe persönlich und in meiner Arbeit als Coach die Erfahrung gemacht, dass es SEHR WOHL entscheidenden Einfluss auf unser seelisches Wohlbefinden hat und oft eine willkommene Ablenkung von den Angst- und Stressauslösern ist.

Wenn ich es geschafft habe, meine Angstsymptome ganz erheblich zu reduzieren, dann schreibe ich das vor allem der Aufnahme eines Bewegungsprogramms zu (vorher hätte ich es locker zur Couchpotato des Jahres bringen können) sowie der Tatsache, dass ich mich gesünder ernährte. Bis heute setze ich alles daran, um beides aufrechtzuerhalten. Ein täglicher Spaziergang an der frischen Luft, wenn auch nur für zehn Minuten, ist nicht nur für meine Stimmung ausgesprochen gut, sondern fördert auch meine Entspannung und Konzentration. Entweder mache ich mich gleich als Erstes am Morgen dazu auf oder vor dem Abendessen – und die zehn Minuten hat wohl jeder. Wichtig ist mir auch, drei Mahlzeiten am Tag zu mir zu nehmen, mit ein paar gesunden Snacks zwischendurch, damit ich meine Energie auf einem gleichmäßigen Niveau halten kann. Das gibt mir außerdem das Gefühl von Regelmäßigkeit und verschafft mir den nötigen Abstand zur Arbeit, um in mich hineinzuhorchen und so zu verhindern, dass sich im Lauf des Tages unmerklich Stress in mir aufbaut.

Die Auswirkungen, die Bewegung auf unser seelisches Wohlbefinden hat, sind von unterschiedlicher Intensität und Dauer. Aber im Allgemeinen gilt, dass ein Power-Work-out im Fitnessstudio und ein flotter zehnminütiger Spaziergang in ihrer Wirkung gleich positiv und nachhaltig sein können. Wenn du dir ein regelmäßiges Bewegungsprogramm zulegst, tust du dir in jedem Fall etwas Gutes damit – mit weniger Angst und Stress und verbesserter Stimmung als äußerst positivem Nebeneffekt. Eine Studie, die von der Anxiety and Depression Association of America (ADAA) durchgeführt wurde, ergab, dass regelmäßige intensive Bewegung, also ein Herz-Kreislauf-Training wie Aerobic, Joggen oder Seilspringen, die Wahrscheinlichkeit, innerhalb der kommenden fünf Jahre eine Angststörung oder Depression zu entwickeln, um 25 Prozent senkt.

Ein Plus an Bewegung hat aber noch einen anderen netten Nebeneffekt – nämlich eine Verbesserung des Erscheinungsbildes, sei es durch Gewichtsverlust (falls nötig), klarere Gesichtszüge, ein gesünderes Aussehen von Haut und Haar und eine bessere Figur, was dir wiederum mehr Lebensfreude, Selbstbewusstsein und Wohlgefühl beschert – und das ist genau die Art von Nebeneffekt, die wir brauchen, um der Angst beizukommen.

So weit, so gut? Ausgezeichnet. In der Theorie hört sich das ja nun auch alles ganz vielversprechend an. Was aber, wenn du das Fitnessstudio einfach hasst und dir schon der Gedanke an Turnschuhe und Sportleggings ein Gräuel ist? Keine Sorge, es gibt so viele verschiedene Möglichkeiten, sich zu bewegen, die nicht nur den Puls in die Höhe treiben, sondern auch deiner Motivation auf die Sprünge helfen. Und die schauen wir uns jetzt gleich genauer an.

Es soll eine Wahl sein, keine Qual

Ich habe das schon tausendmal gehört: »Ich würde mich ja gerne aufraffen, aber ich habe einfach keine Energie« oder »Das klingt gut, aber ich bin einfach zu müde oder habe keine Zeit« – und mal ehrlich: Wer kennt das nicht? Wenn man unter Angstzuständen, Stress und depressiven Verstimmungen leidet – was ja alles miteinander zusammenhängt, wie wir in den letzten Kapiteln gesehen haben –, dann ist oft das Letzte, wonach einem der Sinn steht, sich in sein Sportoutfit zu zwängen und wie wild durch die Gegend zu hampeln. Und schon gar nicht, wenn man schlecht geschlafen hat und sich fühlt, als wäre man von einem Bus überfahren worden. Wie gesagt: Ich kenne und verstehe das sehr gut.

Ein ganz wesentlicher Teil der Selbsthilfe ist die »Bereitschaft zur Veränderung«. Ich verwende diesen Begriff häufig bei meiner Arbeit mit Menschen, die ihre Angst in den Griff bekommen wollen, um sich nicht mehr von ihr aus der Bahn werfen zu lassen. Vor ein paar Jahren hat James O. Prochaska, Professor für Klinische Psychologie und Gesundheitspsychologie an der University of Rhode Island, ein Stufenmodell zur Veränderungsbereitschaft entwickelt. Aus meiner Sicht ist es vollkommen einleuchtend und zeigt in leicht verständlicher Form, wie wir die Bereitschaft zur Veränderung umsetzen und auf Dauer daraus Gewinn ziehen können.

Grob gesagt, gibt es nach diesem »Readiness for Change«-Modell fünf Stufen der »Veränderung«, die wir als Checkliste benutzen können, um zu wissen, wo wir stehen und wie es mit unserer Bereitschaft bestellt ist, Veränderungen anzugehen. Sie lauten wie folgt:

1. Vorbewusstes Stadium – Zustand der Leugnung, des Desinteresses an Veränderung oder der fehlenden Einsicht in eventuellen Handlungsbedarf.
2. Stadium der Besinnung – Unsicherheit oder Ambivalenz in Bezug auf Veränderung, aber eine zunehmende gedankliche Offenheit für Schritte in die richtige Richtung.
3. Vorbereitungsstadium – erste Entscheidungen werden getroffen und kleine Veränderungen ausprobiert, um ein Gefühl für den Veränderungsprozess zu bekommen.
4. Handlungsstadium – die eigentliche Umsetzungsphase. Es werden konkrete Pläne erstellt und mit einer klaren Zielsetzung konsequent verfolgt.
5. Bewahrungsstadium – man versichert sich regelmäßig der eigenen Zielsetzung und Motivation, um die erwünschte Veränderung in absehbarer Zukunft aufrechtzuerhalten.

Wenn wir verstehen, an welcher Stelle dieses Fünf-Stufen-Modells wir uns befinden, ist das eine große Hilfe, um uns bewusst zu machen, was wir eigentlich erreichen wollen, wann wir es erreichen wollen und was wir uns letztlich davon versprechen. Wenn wir wirklich ehrlich mit uns sind, was superwichtig ist (denn wenn wir nicht mit uns selbst ehrlich sind, mit wem dann sonst?), dann müssen wir uns vielleicht eingestehen, dass wir noch auf Stufe 1 (vorbewusstes Stadium) stehen, was sehr vielen Menschen im Lauf ihres Lebens so geht. In dem Fall müssen wir uns erst einmal mit *dieser* inneren Einstellung auseinandersetzen, bevor wir daran denken können, in eine der »Aktionsphasen« 3 (Vorbereitung) oder 4 (Handlung) einzutreten.

Wie also können wir unsere Motivation von »*null Bock*« in Richtung »*Ich schaffe das*« verschieben? Indem wir einen unumstößlichen Aktionsplan erstellen, an den wir uns felsenfest halten. So geht das.

Übungsalarm

Ich schaffe das

Diese Übung knüpft an die Übung »Erst planen ... dann umsetzen« aus Kapitel 3 an. Du kannst das Übungsschema von dort übernehmen und die Zielsetzung einfach deinen Bewegungs- und Ernährungszielen entsprechend umformulieren.

Probiere auch die folgenden drei Schritte aus. Sie sind ein einfaches und effektives Mittel, um dir eine klare Perspektive zu verschaffen und von der Motivation zur Aktion zu kommen.

Setze dir ein Ziel – schreibe auf, was du im Hinblick auf mehr Bewegung erreichen wirst (ich sage »wirst« und nicht »willst«, denn in Sachen Motivation und Veränderungsbereitschaft sind wir hier nicht kleinlich). Vielleicht beschließt du, dich einmal in der Woche in einer neuen Sportart oder einem neuen Hobby zu versuchen, vielleicht entscheidest du dich dafür, am Wochenende wandern zu gehen oder statt des Aufzugs künftig die Treppe zu nehmen.

Realisiere dein Ziel – sorge für eine stabile Entscheidung und Motivation, indem du eine/einen Freund/-in einweihst oder dich über das Internet zu einem Kurs anmeldest und dir selbst einen Starttermin setzt, den du dir in deinem Kalender, dem Jahresplaner in der Küche, deinem Smartphone oder auf einem Post-it-Zettel am Badezimmerspiegel notierst, damit du ihn nicht »vergisst«! Nimm dich selbst in die Pflicht, indem du dich möglichst umfassend vorbereitest (es ist dann viel schwieriger auszusteigen) und alles organisierst, was du für dein Vorhaben brauchst, wie spezielle Bekleidung, Anfahrt und Verpflegung.

Es soll Spaß machen – es ist sehr wichtig, für sich die passende sportliche Betätigung zu finden, weil das hilft, dabeizubleiben und das langfristige Ziel nicht aus den Augen zu verlieren. Suche dir also Sportarten oder Hobbys aus, die dir auf Anhieb zusagen, die du in der Nähe ausüben kannst und die auszuprobieren du wirklich Lust hast (auch wenn dein Interesse anfänglich vielleicht eher gering ist).

Die passende sportliche Betätigung finden

In der soeben beschriebenen Übung habe ich bereits kurz erwähnt, wie wichtig es ist, bei der Wahl einer Sportart oder eines Hobbys etwas zu finden, das einen wirklich interessiert. Sei aber vor allem auch realistisch mit dem, was du dir vornimmst. Wenn das anstrengendste Work-out, dem du dich in letzter Zeit unterzogen hast, darin bestand, die Tür deines Mikrowellenherdes zu öffnen und zu schließen, dann ist die Anmeldung zu einem Marathon möglicherweise erst einmal nicht die ratsamste Option. Das soll nicht heißen, dass du es nicht dahin bringen kannst, ganz und gar nicht. Da ich es selbst auch geschafft habe, kann ich dich in deinen Ambitionen nur voll und ganz unterstützen. Aber wenn es vorerst darum geht, sich zu einem netten und gemächlichen Sportprogramm zu bequemen, um damit der Angst eins auszuwischen, dann sind wir vielleicht gut beraten, mit etwas weniger Anspruchsvollem zu beginnen, bei dem auch der Spaßfaktor nicht zu kurz kommt.

Weil es die Ausschüttung von Endorphinen stimuliert, steht Ausdauertraining zu Recht hoch im Kurs. Lass dir also einmal durch den Kopf gehen, welche Art von Bewegung dir zusagen könnte, um deine Puls- und Atemfrequenz ein wenig mehr in die Höhe zu treiben und dich etwas mehr ins Schwitzen zu bringen, als es der Fall wäre, wenn du auf der Couch abhängst. Hole dir aber wie immer zuvor von deinem Doc das Okay.

Hier einige Formen von Ausdauertraining, um dich auf den Geschmack zu bringen:
- Laufen oder Joggen (outdoor/indoor)
- Radfahren oder Heimtrainer
- Schwimmen

- Spazierengehen
- Steppaerobic
- Seilspringen
- Unterwasser-Aerobic
- Bodypump
- Kugelhantel-Training
- Boxgymnastik
- Tanzgymnastik wie Zumba, Salsa oder Streetdance
- leichtes Krafttraining

Es gibt aber noch andere Optionen, um dir deinen Serotonin-kick zu verschaffen – etwa eine Team- oder Vereinssportart, die eine großartige Möglichkeit darstellt, Bewegung mit der Knüpfung neuer sozialer Kontakte zu verbinden. Du wirst sehen, dass es ein breites Spektrum an attraktiven Mann-schaftssportarten gibt. Wenn du willst, kannst du sogar Harry Potters Lieblingsspiel Quidditch spielen! Hier wieder ein paar Beispiele:

- Korbball
- Fußball
- Tennis
- Karate
- Hallenfußball
- Volleyball
- Basketball
- Völkerball
- Badminton
- Hockey

Wenn dir aber nicht danach ist, wie ein aufgescheuchtes Huhn durch die Gegend zu rennen, dann gibt es auch weniger anstrengende und sogar entspannende Formen von Ausdauertraining, die dennoch großartige Angstvertreiber sind:

- Spazierengehen – entweder ein strammer Marsch oder auch ein gemütlicher Schlendergang
- Yoga
- Pilates
- Ballett
- Tai-Chi
- gemächliches Schwimmen

Dabei sind die hier angeführten Sport- und Bewegungsarten nur die Spitze des Eisbergs und sollen dir nur ein paar Anregungen geben. Vielleicht probierst du die eine oder andere aus, um zu sehen, welche dir zusagt, welche für dich absolut nicht infrage kommt und welche du dir vorstellen kannst. Ob du dabei nur eine oder hundert ausprobierst, spielt keine Rolle, Hauptsache, du findest etwas, das dir Spaß macht, weil dann die Wahrscheinlichkeit größer ist, dass du dranbleibst.

Vielleicht träumst du ja davon, die nächste Beyoncé zu sein und dich genauso zu bewegen? Was hindert dich also, dich in der nächstgelegenen Tanzschule anzumelden? Vielleicht wolltest du ja seit deiner Jugend schon immer mal wieder Fußball spielen. Dann erkundige dich doch mal bei einem Fußballverein oder einer Freizeiteinrichtung in deiner Nähe oder auch an deiner Arbeitsstelle, ob es eine Amateurmannschaft gibt, der du dich anschließen kannst. Vielleicht reizt dich aber auch der Gedanke, Madonna in ihren Yoga-Positionen nachzueifern? Dann stöbere doch einfach mal im Internet, welche Yoga-Schulen es in deiner Nähe gibt.

Ob du nun aber eine kleine Runde durch den Park drehst, einmal in der Woche mit dem Rad zur Arbeit fährst oder aber das Komplettpaket im Fitnessstudio gebucht hast – welche Art von Sport- oder Bewegungsprogramm du dir auch aussuchst, die Hauptsache dabei ist, dass du etwas für dich und deine Gesundheit tust, und das ist etwas, worauf du stolz sein darfst. Deinem Körper und deiner Seele tust du damit etwas Gutes und hältst überdies die Angst und die Depression in Schach. Gut gemacht!

Meine Geschichte

. . . .

Wenn du jetzt glaubst, dass ich in Sachen Fitness den großen Durchblick hätte, sei dir das nachgesehen, und bis zu einem gewissen Grad hättest du damit sogar recht, denn in den Jahren meines Ringens mit der Angst habe ich mich viel mit diesen Dingen beschäftigt. Heute bin ich sogar mit einem Gesundheits- und Fitnessberater verheiratet, der zugleich mein persönlicher Trainer ist (sehr praktisch!) und der außerdem über ein stupendes Wissen und Können verfügt, wenn es darum geht, Bewegung, Ernährung und seelische Gesundheit auf einen Nenner zu bringen. *Heute* habe ich das nötige Wissen und die Unterstützung, aber das war keineswegs immer so.

2006, kurz vor meinem »Kernschmelztag«, hielt sich mein sportlicher Ehrgeiz in Grenzen. Ich habe brav die 70 Pfund im Monat für meine Mitgliedschaft in einem schicken Londoner Fitnessstudio bezahlt, wo ich dann ein paarmal in der Woche aufgekreuzt bin, um ein »Work-out« zu absolvieren. »Work-out« setze ich in Gänsefüßchen, denn was ich damals darunter verstand, hat nicht die geringste Ähnlichkeit mit dem, was ich heute tue, um mich fit zu halten – und die Ironie dabei ist, dass ich jetzt weniger Zeit brauche, um mehr damit zu erreichen, und zwar teils durch eigenes Ausprobieren und teils dank der richtigen Anleitung.

Damals brauchte ich ewig in der Damenumkleide (weiß der Himmel, wofür), und nach einem gemächlichen Trab auf dem Laufband und einigen halbherzigen Sit-ups, bei denen ich mir den Hals verrenkte, um auf einem der gigantischen Bildschirme eine Episode von *EastEnders* zu verfolgen (und dem obligatorischen Räkeln unter der Wasserdüse, um Zeit zu schinden), war ich irgendwie davon überzeugt, ein anständiges Work-out hinter mich gebracht zu haben. Dann packte ich meine Siebensachen und steuerte auf den Ausgang zu, nicht selten, um mich direkt im Anschluss daran mit meinen Freunden zu einem feuchtfröhlichen Abendessen zu treffen.

Nicht dass an meinen damaligen Gewohnheiten irgendetwas besonders ungewöhnlich oder direkt falsch gewesen wäre, wer verhält sich nicht irgendwann so zwischen 20 und 30? Aber dieser Mangel an Fürsorge für meinen Körper fing an, sich allmählich, aber unmittelbar auch auf meine seelische Gesundheit auszuwirken.

Das war auch die Zeit, als es noch die ausgedehnten, ebenso feuchtfröhlichen Lunches mit den Chefs aus dem TV-Geschäft gab. Heute ist das nicht mehr ganz so üblich, aber vor zehn Jahren waren solche »Lunches« an der Tagesordnung. »Diese Woche hatten wir Super-Einschaltquoten, lasst uns zusammen mittagessen gehen!«, »Wir müssen ein Brainstorming machen, am besten bei einem schönen Essen!«, »Es ist Freitag – gehen wir essen!« Du verstehst, was ich meine ...

So nett diese Verabredungen zum Lunch auch waren, sie blieben nicht ohne Folgen. Eine schwere Mahlzeit und das eine oder andere Glas Wein machten sich bemerkbar, und am Nachmittag war ich bei der Arbeit dann entsprechend träge, unkonzentriert und lethargisch. Das habe ich allein mir selbst zuzuschreiben, niemand hat mich zur Völlerei gezwungen, und ehrlich gesagt mochte ich es, mit den Kollegen abzuhängen, ohne mir über die Konsequenzen Gedanken zu machen. Es war genau die richtige Mischung aus harter Arbeit und Vergnügen.

Leider wirkte sich diese ungesunde Lebensweise auch auf andere Bereiche meiner Gesundheit ungünstig aus. Zusammen mit dem Bewegungsmangel nahmen mir die allzu kalorienreichen Mahlzeiten den Antrieb, nagten an meinem Selbstwertgefühl und senkten meine Stresstoleranz. All diese wichtigen Bereiche meiner psychischen Gesundheit gerieten immer mehr unter Druck, ohne dass es wirklich ein Ventil für all das gab. Dazu kamen dann noch die schwierige Beziehung und der stressige Job, und – BUMM! – war mein »Kernschmelztag« da, der Tag, an dem meine Panikattacken und die Angststörung ihren Anfang nahmen.

Nachdem mein Arzt mich tatkräftig unterstützte, damit ich mental und emotional wieder auf die Beine kam, bestand der nächste Schritt darin, meine Ernährungs- und Bewegungsgewohnheiten unter die Lupe zu nehmen und grundlegend zu korrigieren – denn wie gesagt, hängen seelische und körperliche Gesundheit eng miteinander zusammen.

Meinem wunderbaren persönlichen Trainer und Freund Ian Howard habe ich es zu verdanken, wenn sich meine gesamte Einstellung zum Sport und seiner ganzheitlichen Wirkung auf Körper und Geist gewandelt hat. Ich gebe zu, dass ich anfänglich skeptisch war – und im Ernst: Wie sollte mich ein Bewegungsprogramm von meinen Angstzuständen befreien können? Wie sich dann aber herausstellte, konnte es das sogar sehr gut.

In den folgenden Monaten ging ich regelmäßig zu einem wöchentlichen Work-out in den Park in der Nähe des Fernsehsenders. Das gab nicht nur meiner Stimmung und meinem

Selbstwertgefühl Auftrieb und diente mir als ein Ventil für den aufgestauten Stress, sondern ich wurde auch fitter, was wiederum mein Selbstbewusstsein stärkte und mir noch einen zusätzlichen Endorphinschub gab. Es ist nahezu unmöglich, ängstlich, gestresst oder deprimiert zu sein, wenn du an einem sonnigen Tag in einem Londoner Park ein schweißtreibendes Work-out absolvierst – ich kann dir nur raten, es selbst einmal auszuprobieren.

Bis zum heutigen Tag habe ich mir die positive Einstellung zu meinem Bewegungsprogramm bewahrt und bin nicht mehr davon abgewichen. Ich plane es bewusst ein – dabei ist es eine gute Idee, entsprechende Prioritäten zu setzen und sich den Sport genauso in den Kalender einzutragen, wie man es mit einem wichtigen Meeting oder einem Arzttermin machen würde. Außerdem achte ich darauf, dass mir mein Work-out auch Spaß macht. Ob Bodypump-Kurs, Yoga oder Joggen an der frischen Luft: Indem ich für Abwechslung sorge, erhalte ich auch die nötige Motivation aufrecht, um dabeizubleiben. Du wirst schon herausfinden, was am besten zu dir passt. Scheue dich dabei nicht, auch mal was Neues auszuprobieren, sei experimentierfreudig (natürlich immer mit der gebotenen Vorsicht) und integriere ein kleines Bewegungsprogramm in deinen Alltag, das deiner Seele guttut.

Vielleicht meldest du dich in einem Fitnessstudio in deiner Nähe an, aber unterschreibe nicht gleich einen teuren Mitgliedsvertrag, wenn es eher unwahrscheinlich ist, dass du dazukommst, ihn auszuschöpfen. Das macht nur ein schlechtes Gewissen, was deinem Ziel, Stress abzubauen, nicht gerade dienlich ist. Viele Studios bieten Schnupperkurse oder andere Werbeaktionen an, und das ist eine gute Möglichkeit, um auszuprobieren, ob das überhaupt etwas für dich ist.

Vielleicht kannst du auch jemanden aus deinem Freundeskreis oder der Familie mit ins Boot holen. Ein Work-out zu zweit ist motivierender und macht mehr Spaß, was wiederum gut gegen die Angst hilft. Ich selbst gehe oft mit meinem Mann spazieren oder ein bisschen joggen. Das ist eine schöne Art, gemeinsam zu entspannen, und fördert überdies auf natürliche Weise den Schlaf.

Die nächste Übung kann dir bei der nachhaltigen Umsetzung deines Bewegungsprogramms eine wertvolle Hilfe sein.

Übungsalarm

Vorher und Nachher

Bei dieser Übung geht es darum, im Hinblick auf die entgegengesetzten Enden einer Skala eine starke Motivation aufzubauen. Das linke Ende steht für das »Vorher«, das rechte für das »Nachher«:

Vorher .... Nachher

Ziel der Übung ist, eine möglichst starke Motivation zu entwickeln, sich einerseits von den alten, aus Gefühlen, Gedanken, Bildern usw. bestehenden negativen Glaubenssätzen und Verhaltensweisen fortzubewegen, und zwar in diesem Fall im Hinblick auf ein körperliches Training.

Gleichzeitig wenden wir unsere Aufmerksamkeit dem anderen Ende der Skala zu, um eine starke Motivation in Richtung unserer neuen Zielsetzung und des erwünschten Zustandes aufzubauen.

So kann ich vor meinem geistigen Auge ein möglichst klares und deutliches Bild von meinem »alten Ich« schaffen und mir ausmalen, wie träge ich mich fühlte und wie schlecht es mir damit ging, mich nicht ausreichend zu bewegen, wie lustlos ich war und wie sehr es meine Gesundheit und mein emotionales Gleichgewicht beeinträchtigt hat. Ich kann dieses Bild meiner selbst nun so scheußlich und abstoßend wie möglich gestalten, um den starken Wunsch in mir zu wecken, mich so weit wie möglich davon zu entfernen, ohne jemals wieder dahin zurückkehren zu wollen. Je abschreckender das Bild, desto größer der Wunsch, in die neue Richtung zu gehen.

Im kompletten Gegensatz zu dieser »Negativmotivation«, die ich mit dem einen Ende des Spektrums, meinem »alten Ich« verbinde, kann ich mir jetzt ein ebenso lebhaftes Bild von meinem »neuen Ich« schaffen, auf das ich mich zubewege. Wie wird es mir damit ergehen, wenn ich mir ein gesundes Bewegungsprogramm zugelegt habe? Ich kann mir vorstellen, wie prächtig ich mich fühlen und aussehen werde, frei von Stress und Angst und vielleicht mit einem strahlenden Lächeln auf den Lippen. Ich male mir auch dieses Bild meiner selbst so intensiv wie möglich aus, und je anschaulicher und lebendiger, desto verlockender wird es sein.

Probiere es einfach mal aus. Experimentiere mit den Bildern, Gedanken und Gefühlen, die dein »Vorher« und »Nachher« in dir auslösen, und lass vor allem die positive »Nachher«-Motivation in Bezug auf körperliche Aktivität so stark wie möglich werden. Je weiter die entgegengesetzten Enden der Skala voneinander entfernt liegen, desto stärker sind wir motiviert, auf ein gesünderes und froheres Ich zuzusteuern, und desto größer sind die Chancen, dass wir am Ball bleiben. Vergangenes ist vergangen, konzentrieren wir uns also darauf, uns eine famose Zukunft zu erschaffen.

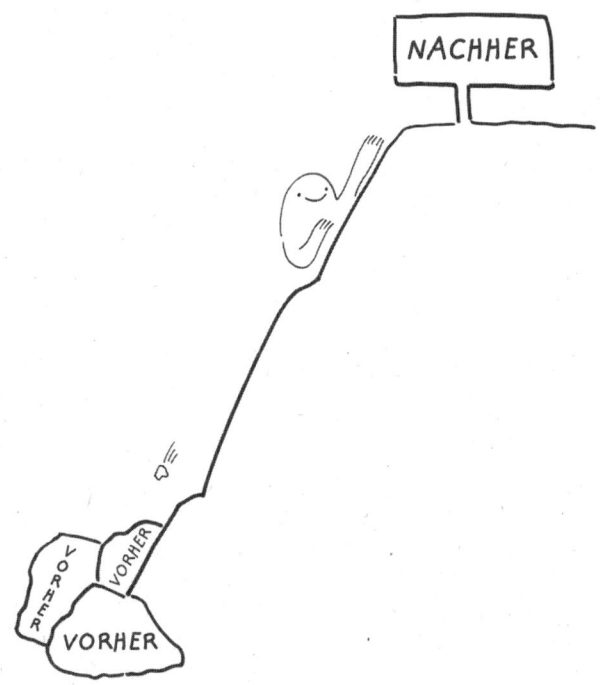

Wann es zu viel des Guten ist

Bislang habe ich vor allem davon gesprochen, wie positiv sich körperliche Bewegung auf Geist und Körper auswirkt. Aber das Work-out kann sich auch als kontraproduktiv im Sinne unserer Gesundheit erweisen, und zwar dann, wenn es einen Zug von Obsession und Sucht annimmt (siehe Kapitel 6).

Es mag seltsam klingen, dass körperliche Betätigung, von der ich hier die ganze Zeit als einer wunderbaren Methode zur Angstbewältigung schwärme, manchmal auch etwas Negatives sein kann. Darum ist es wichtig, sich klarzumachen, in welchen Fällen das zutrifft, damit wir sicher sein können, dass wir uns mit unserem Sportprogramm gedanklich, emotional und körperlich noch innerhalb gesunder Parameter bewegen.

Wie in den früheren Kapiteln schon ausgeführt, kann man mit den unterschiedlichen Strategien zur Angstbewältigung leicht in die Abhängigkeit geraten, sei es in Form der Alkohol-, Drogen- oder Spielsucht bzw. des selbstverletzenden Verhaltens. Eine weitere, wenn auch weniger bekannte Form der Abhängigkeit ist exzessives Trainieren. Es gibt bestimmte Merkmale, mit deren Hilfe sich ein gesundes Maß an körperlicher Betätigung von einem kontraproduktiven Übermaß unterscheiden lässt, das sich nachteilig auf das Leben und die Gesundheit der Betroffenen auswirkt, anstatt beides zu verbessern. Dazu gehören die ständige Erschöpfung aufgrund des Work-outs und der fehlenden Ruhe- und Erholungsphasen (was überdies zu einer Mangelernährung führen kann), Verletzungstendenzen sowie ein noch höherer Angst- und Stresspegel als zuvor, während das Verlangen nach dem »High« durch das Work-out weiter zunimmt.

Beim Training werden Endorphine ausgeschüttet, die uns, wie wir bereits wissen, in Hochstimmung versetzen und ein Kraftgefühl bewirken. Auch das Glücks- und Belohnungshormon Dopamin wird dabei freigesetzt, und von den angenehmen Gefühlen, die damit einhergehen, kann man genauso abhängig werden wie von anderen Suchtmitteln, bis der Kick durch das exzessive Training zu etwas wird, das man regelmäßig »braucht«.

Auch Entzugserscheinungen wie Depressionen, Angstzustände und Reizbarkeit kann ein übertriebenes Training mit sich bringen, und Linderung schafft dann möglicherweise nur erneutes Trainieren, häufig ohne jede Rücksicht auf den Erschöpfungszustand, in dem sich der Körper ohnehin schon befindet. Wir wissen es bereits: Wenn wir den einen Bereich unserer körperlichen und seelischen Gesundheit vernachlässigen, dann leidet auch der andere darunter, und das exzessive Training wird sich höchstwahrscheinlich als ein Bumerang erweisen. Das heißt, die Ängste und Depressionen, die wir vielleicht mit dem »gesunden« Training haben vertreiben wollen, werden sich anschließend mit aller Macht wieder einstellen, wenn wir es übertreiben und uns körperlich verausgaben.

Menschen, die gefährdet sind, »sportsüchtig« zu werden, fühlen sich vielleicht in bestimmten Bereichen ihres Lebens überfordert und versuchen, mit exzessivem Training die Probleme in den Griff zu bekommen. Ob es dabei nun um Probleme bei der Arbeit oder zu Hause geht, um zwischenmenschliche oder auch innere Konflikte: Sie alle können in diesem Fall dazu führen, dass der Sport als die wichtigste Sache im Leben betrachtet wird, als ein Weg, angestaute Emotionen loszuwerden oder vielmehr zu blockieren.

Damit hier kein Missverständnis entsteht: Sport ist eine fantastische Möglichkeit, mit Stimmungsschwankungen, Stress und Angst umzugehen. WENN aber das Verlangen, Sport zu treiben, größer wird als deine Fähigkeit, mit deinen Gefühlen und Gedanken klarzukommen und deinen Alltag zu bewältigen, dann ist es vielleicht eine gute Idee, die Situation mit deinem Hausarzt zu besprechen, um mit ihm zu beraten, welche anderen Bewältigungsstrategien für dich infrage kommen.

Speis und Trank hält Leib und Seele zusammen

Bis jetzt haben wir den Bewegungsaspekt im Umgang mit der Angst betrachtet, und wenn wir schon in der Gegend herumtollen, um unsere Stimmung zu verbessern und den aufgestauten Stress loszuwerden, dann ist es nur logisch, dass wir unseren Körper auch entsprechend versorgen müssen. Um ein gesundes und glückliches Leben zu führen, brauchen wir für unser seelisches und leibliches Wohl die richtige Ernährungsgrundlage.

Wenn wir aber ängstlich oder aufgeregt sind, fällt es uns oft schwer, etwas zu essen. Das ist eine häufige Begleiterscheinung, die sicher die meisten irgendwann schon einmal am eigenen Leib erfahren haben – vor einer Prüfung, am Tag der Hochzeit, vor einem Flug. Wenn der Stress oder die Angst uns beschleicht, dann setzt unser Verdauungsapparat vorübergehend aus, wir bekommen einen trockenen Mund, und die Zunge klebt am Gaumen. Wie wir im ersten Kapitel gesehen haben, kann die Angst sehr reale körperliche Formen annehmen.

Als meine Angst- und Panikstörung auf ihrem Höhepunkt war, konnte ich wochenlang nicht vernünftig essen, weil ich emotional zu aufgewühlt war. Ich habe es versucht, aber jedes Mal, wenn ich etwas zu mir nehmen wollte, bekam ich einfach keinen Bissen hinunter. Ich musste würgen und hatte einen Kloß im Hals. Auch noch so viel Wassertrinken half da nicht, es wollte einfach nicht rutschen. Ich verlor rapide an Gewicht, was mir zweifelhafte Komplimente von meinen Freunden und Kollegen einbrachte, die ja den Grund dafür nicht kannten. Die Tatsache, dass ich abnahm, war nach den Monaten der opulenten Mahlzeiten mit den Kollegen einerseits keine schlechte Sache; aber ich wusste eben auch, dass sie auf eine äußerst schädliche und ungesunde Weise zustande kam, das heißt, ich aß kaum noch. Ich entwickelte keine echte Essstörung, da es keine Essensverweigerung im Sinne eines Bewältigungsmechanismus war. Damals hieß es jedoch, dass es bei mir in diese Richtung geht, und das ist alles andere als ein schöner Gedanke.

Ich hatte ganz konkrete Probleme mit der Nahrungsaufnahme, nämlich eine Dysphagie (Schluckstörungen) und ein Globussyndrom (»Kloß im Hals«), was offenbar mit dem Stress und der Angst in Zusammenhang stand und im Rückblick für mich sehr typisch war.

Eine Dysphagie kann unterschiedliche Formen haben, so kann es beim Essen oder Trinken zu Husten oder Verschlucken kommen, zum Erbrechen, zu einem Gefühl, dass man etwas im Hals oder in der Brust »stecken« hat, oder auch zu übermäßigem Speichelfluss. Es gibt jedoch auch andere, körperliche Ursachen für die Symptome einer Dysphagie, daher ist es immer wichtig, Rücksprache mit dem Hausarzt zu halten, auch deshalb, weil er dir Techniken nennen kann, die bei dem Problem Abhilfe schaffen.

Bei einem Globussyndrom hat man das Gefühl, einen Kloß im Hals zu haben, was zwar das Schlucken nicht unbedingt behindert, aber für die Betroffenen ziemlich besorgniserregend sein kann. Oft sind Stress und Erschöpfung die Auslöser, du solltest also in jedem Fall ärztlichen Rat einholen und dir Entspannungstechniken aneignen, um etwas gegen die unangenehmen Empfindungen zu tun.

Angst und Essstörungen

Essen kann ebenfalls zu einer Form von Suchtverhalten werden (siehe Kapitel 6). Es mag vielleicht komisch klingen, dass die Art unserer Nahrungsaufnahme (beziehungsweise Nahrungsverweigerung) »Sucht«-Charakter haben kann. Aber Essstörungen wie Anorexia nervosa (Magersucht), Bulimie (Ess-Brech-Sucht) oder Fressattacken, die häufig mit einer Angststörung im Zusammenhang stehen, sind durchaus unter diesem Aspekt zu sehen. Wie eben schon erwähnt, war mein Arzt der Meinung, dass es bei mir ebenfalls in diese bedenkliche Richtung geht, weil ich zur Zeit meiner ausgeprägten Panikstörung außerstande war, etwas zu essen. Zum Glück war das nicht von Dauer, weil ich das Problem rechtzeitig erkannte, Entspannungstechniken erlernte und durch meine Therapie die entsprechende Unterstützung hatte, um die Angelegenheit zügig anzugehen.

Mein Problem war dabei primär körperlicher Art, was sich in Form einer »Schluckblockade« zeigte. Ich *wollte* ja essen. Viele Menschen mit einer Angststörung entwickeln aber eine emotionale Abhängigkeit vom Essen und »benutzen« es als Mittel zur Angstbewältigung. Aufgrund der physiologischen Auswirkungen der Kampf-oder-Flucht- bzw. Erstarrungsreaktion (siehe Kapitel 1) ist der Appetit oft vermindert, wenn wir Angst haben. Bei manchen Menschen wirkt sich die Angst aber genau gegenteilig aus, für sie bedeutet Essen Trost und Ablenkung, es ist für sie ein Mittel, mit belastenden Gefühlen fertigzuwerden, beziehungsweise eine Form von »Belohnung« oder Beschwichtigung. Es geht dabei nicht unbedingt darum, den Hunger zu stillen, sondern um das tröstliche Gefühl, das sich vorübergehend einstellt, wenn wir uns den Bauch vollschlagen, um so die aufgestauten Gefühle zu überdecken.

Essstörungen gehen mit Angst- oder Panikstörungen oft Hand in Hand. Die Betroffenen finden zeitweilig Trost und Befriedigung in der zwanghaften Beschäftigung mit dem Essen bzw. der Nahrungsverweigerung und den Ritualen, die damit einhergehen. Wird Essen zur Bewältigungsstrategie, kann das aber erhebliche gesundheitliche Folgen haben, vor allem dann, wenn es über einen längeren Zeitraum hinweg geschieht. Falls du glaubst, in dieser Hinsicht gefährdet zu sein, ist es also sehr wichtig, für die Behandlung *beider* Aspekte, die Angstproblematik und die Essstörung, fachkundige Hilfe in Anspruch zu nehmen.

Was der Körper braucht

Auch wenn es selbstverständlich klingt: Essen ist gut für uns. Wir brauchen es für unser Wachstum, zur Aufrechterhaltung unserer Körperfunktionen und natürlich, um am Leben zu sein und zu bleiben. Ohne ausreichende Ernährung wären wir nicht imstande, unser ganzes Potenzial zu entfalten. Wir alle sollten die Chance haben, das Beste aus uns zu machen, und dazu gehört folglich auch, Geist und Körper optimal mit Nährstoffen zu versorgen.

Abgesehen von den offensichtlichen Vorteilen, die eine gesunde Ernährungsweise für unseren Körper hat, gibt es einen engen Zusammenhang zwischen Ernährung und seelischer Gesundheit. Manche Nahrungsmittel gelten als »Seelennahrung«, weil sie bei Verstimmungen, Depressionen, Angst und Stress helfen können. Andere Lebensmittel dagegen gilt es zu meiden, weil sie Ängste verstärken können.

Nahrungsmittel, die du meiden solltest

- Weißmehlprodukte wie Weißbrot, Nudeln und andere Teigwaren aus Weißmehl. Sie haben einen geringen Nährstoffgehalt und machen träge, was nicht gerade hilfreich ist, da es uns hier ja darum geht, uns mithilfe der richtigen Ernährung mental und körperlich zu motivieren.
- Frittiertes und Fast Food. Diese Speisen haben ebenfalls einen geringen Nährwert und sind schwer verdaulich. Wenn der Körper Mühe hat, Nahrung richtig zu verdauen, hilft das weder gegen die Angst, noch ist es allgemein der Gesundheit förderlich.
- Raffinierter Zucker, wie er in Kuchen, Keksen, Süßigkeiten und Limonaden enthalten ist. Diese Genussmittel liefern leere Kalorien, die uns zuerst aufputschen und hippelig machen, worauf ein Tief folgt, nachdem der »Kick« nachgelassen hat.
- Koffein und Alkohol – Kaffee, Energydrinks, Spirituosen, Bier und Wein: All diese Stimulanzien wirken dehydrierend, sind voller Giftstoffe und treiben den Puls in die Höhe. Nach dem anfänglichen »High« lassen sie uns anschließend häufig verstimmt, depressiv oder ängstlich zurück.

Nahrungsmittel, die du ausprobieren solltest

- Vollkornprodukte sind reich an dem Anti-Angst-Mineral Magnesium – z. B. Vollkorngetreideflocken oder -nudeln.
- Omega-3-Lebensmittel für ein gesundes Herz und Gehirn – etwa Lachs und andere fettreiche Fische, Avocados, Eier.
- Nüsse haben einen hohen Zinkgehalt – z. B. Mandeln und

Walnüsse in naturbelassener Form (also nicht geröstet oder auf andere Weise verarbeitet).

- Beeren sind reich an sekundären Pflanzenstoffen – etwa Blaubeeren und Açaibeeren.
- Kräutertees – Kamillentee wirkt entspannend, und grüner Tee enthält Aminosäuren, die ebenfalls zur Entspannung und zum Stressabbau beitragen.
- Jede Menge Wasser! Um Angst und Stress zu reduzieren, ist es auch wichtig, darauf zu achten, dass du nicht dehydrierst.

Dein Essenslogbuch

Um sicherzugehen, dass wir uns ausreichend Gutes tun, müssen wir im Auge behalten, was wir uns so alles in den Mund stecken. Oft »genug vergessen« wir nämlich ganz gerne, was wir alles gegessen oder auch nicht gegessen haben.

Es gibt spezielle Apps wie myfitnesspal oder lifesum, die dir dabei helfen, über deine tägliche Ernährung den Überblick zu behalten. Pass aber auf, dass du dabei nicht in einen »Diätwahn« verfällst, denn das ist es nicht, worum es hier geht. Du kannst aber genausogut auf die althergebrachte Weise verfahren (die ich persönlich bevorzuge) und dir z. B. in deinem Tagebuch notieren, was du so verdrückst.

Nimm einen Wandkalender, die Schreibtafel in der Küche oder einfach das gute alte Blatt Papier und einen Stift und trage die sieben Wochentage ein. ☉ Unterteile dann jeden Tag in fünf Sparten für Frühstück, Mittagessen, Abendessen, Zwischenmahlzeiten und Getränke. ☉ Trage im Tagesverlauf oder auch abends alles ein, was du gegessen und getrunken hast – und jetzt kommt der wichtige (und schwierige) Part: *Sei schonungslos ehrlich mit dir selbst!* ☉ Achte dabei auch auf die Menge und Qualität und nimm entsprechende Verbesserungen vor, um sicherzustellen, dass deine Ernährung möglichst ausgewogen und reich an angstbesänftigender Seelennahrung ist. ☉ Da du schon einmal dabei bist, könntest du auch gleich ein wenig vorausplanen und in die Übersicht für die nächste Woche ein paar Essensideen eintragen. Das ist enorm hilfreich, um die richtigen Ernährungsentscheidungen zur Regel werden zu lassen, und beugt der panischen Frage in letzter Minute vor: »Was soll ich heute kochen?« ☺ Vielleicht weihst du auch eine/einen Freund/-in oder deine/deinen Partner/-in in dein Ernährungstagebuch ein, so kannst du deine Motivation und Verbindlichkeit erhöhen.

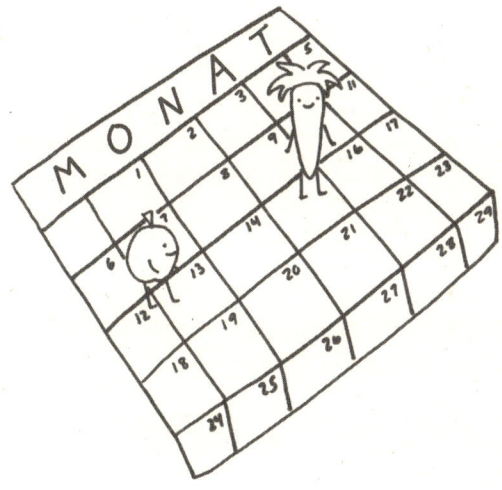

Was noch zu berücksichtigen ist:

Mineralstoffe und Vitamine: Sie können auf sehr effektive Weise deine Ernährung aufwerten und dazu beitragen, deine Stimmung zu heben und deine Leistungsfähigkeit zu steigern, werden in ihrer Wirksamkeit allerdings auch unterschiedlich bewertet. Vor der Einnahme solltest du deinen Bedarf aber immer mit deinem Hausarzt klären, zumal wenn du zusätzlich noch Medikamente einnimmst. Ohne damit eine allgemeingültige Empfehlung zu verbinden, seien hier einige meiner persönlichen Favoriten im Sinne der Angstbewältigung genannt:

- Magnesium- und Epsom-Salzbäder können helfen, Muskelverspannungen zu lösen.
- Vitamin B (insbesondere die Vitamine B_1, B_3, B_5 und B_{12}) können bei der Regulierung des Blutzucker- und Milchsäurespiegels helfen, die Mitauslöser von Panikattacken sein können. Außerdem ist Vitamin B an der Produktion des schlaffördernden Serotonins beteiligt.
- γ-Aminobuttersäure (GABA) soll Nervenzellen vor Schädigung durch Stress schützen und zur inneren Ruhe beitragen können.
- Inosit kann die Serotoninproduktion anregen, wodurch es angst- und stresslösend wirkt.

Wir sind alle nur Menschen, und natürlich werden wir uns hier und da auch etwas gönnen. Wie ich finde, muss das von Zeit zu Zeit auch sein, und dann sollten wir es genießen. Halte dich an die Regel: »Alles in Maßen«. Wenn du dafür sorgst, dass du dich im Großen und Ganzen gesund ernährst, tust du deinem Geist und Körper damit den besten Gefallen und hältst auch die Symptome der Angst in Schach.

Drei praktische Tipps für den Einstieg

- **Koche auf Vorrat** – Besorge dir eine große Portion Hähnchenbrust, Rinderhackfleisch, Tofu oder Quorn (je nachdem, was du gerne isst) und bereite dir eine größere Menge deines Lieblingsgerichtes zu (im Internet oder in einem deiner Kochbücher findest du jede Menge gesunder Rezepte). Anschließend kannst du das Ganze portionsweise in Plastikboxen füllen und im Kühl- oder Gefrierschrank aufbewahren. Nimm dir eine Portion mit zur Arbeit, um nicht zur Imbissbude zu laufen, oder wärme dir eine Portion auf, wenn du abends nach Hause kommst, um auch dann nicht der Fast-Food-Versuchung zu erliegen.

- **Gesunde Snacks für unterwegs** – Jeder von uns hat gelegentlich Heißhungerattacken. Es ist aber keine gute Idee, sich dann einen zuckerreichen Schokoriegel aus dem Automaten zu ziehen, der einen kurzfristigen Energieschub bewirkt, auf den dann der unvermeidliche Stimmungsabfall folgt. Bereite dir stattdessen am Morgen eine Box mit nahrhaften Energie-Snacks vor, die den Blutzuckerspiegel langsamer ansteigen lassen, etwa Weintrauben, Karottensticks mit Hummus-Dipp, selbst gemachte Pfannkuchen, einen Müsliriegel, eine Banane oder Haferkekse.

- **Wasser, Wasser und nochmals Wasser** – Ausreichend zu trinken hilft ebenfalls dabei, der Angst zu begegnen; häufig sind Menschen mit Angstzuständen dehydriert. Hab immer eine Flasche Wasser dabei und mache es dir zur Gewohnheit, regelmäßig einen Schluck davon zu nehmen. Als generelle Empfehlung gilt, täglich zwei Liter Wasser zu trinken.

Dr. Reetta Newell sagt ...
Ernährung und Bewegung

Manchmal kann es einem so vorkommen, als wäre das Leben ein einziges Dilemma in Bezug auf die richtigen Gesundheitsentscheidungen. Ob es um die richtige Ernährung geht, um ausreichende Bewegung oder um die Frage, wie wir beide Ziele dauerhaft im Auge behalten – zu alldem gibt es eine Fülle von Informationen. Manches davon ist widersprüchlich und verwirrend, sodass es ein schwieriger Prozess sein kann, die richtigen Entscheidungen zu treffen und die entsprechende Motivation aufzubauen, um an der neuen Lebensweise festzuhalten. Und wenn wir nicht aufpassen, fallen wir leider nur zu leicht in alte Gewohnheiten zurück. Viele Menschen pendeln ihr Leben lang zwischen guten Vorsätzen und dem Rückfall in schlechte Angewohnheiten hin und her, wobei fast immer mangelndes Selbstvertrauen und eine zu geringe Selbstachtung eine Rolle spielen. Vielleicht überlegst du dir einmal, ob du deine Ziele in Bezug auf Ernährung und Bewegung besser umsetzen kannst, wenn du an deinem Selbstbild arbeitest? Könntest du dir z. B. selbst mehr Mut zusprechen, anstatt dich zu kritisieren?

Anna hat von der »Bereitschaft zur Veränderung« gesprochen. Es ist ein nützliches Konzept, um einzuschätzen, wo wir ansetzen müssen, wenn wir etwas an unserem Lebensstil verändern wollen. Achte aber, sobald du dich »bereit« fühlst, darauf, wie du mit dir selbst umgehst. Um an dich selbst und deine Fähigkeit zur Veränderung zu glauben, brauchst du Erfolgserlebnisse, und dazu müssen deine Ziele konkret und erreichbar sein. Denke auch darüber nach, wie du dich belohnen kannst, damit es dir leichterfällt, an deinen Zielen festzuhalten.

Top-Tipps zur Umsetzung deiner Ziele in Bezug auf Ernährung und Bewegung

Top-Tipp 1

Annas »Essenslogbuch« ist hilfreich zum Verständnis der Muster, die du in Bezug auf Essen und Trinken entwickelt hast. Mein erster Tipp besteht darin, deinem Ernährungstagebuch eine weitere Sparte hinzuzufügen, in der du deine Stimmungen notieren kannst. Auf diese Weise erhältst du Einblick in Zusammenhänge zwischen dem, was du isst, und den Gefühlen, die sich einstellen. Höchstwahrscheinlich wirst du dabei Muster erkennen, also dass eine bestimmte Stimmung dein Essverhalten beeinflusst und umgekehrt dein Essverhalten bestimmte Gefühle auslöst.

Top-Tipp 2

Beim zweiten Tipp geht es um deine Essensentscheidungen. Anstatt bestimmte Lebensmittel zu verbannen oder ihren Konsum einzuschränken, denke lieber darüber nach, welche (gesunden) Lebensmittel du in deinen Ernährungsplan aufnehmen kannst.

Top-Tipp 3

Dass Sport die Stimmung hebt, ist eine gut erforschte Tatsache, und die meisten Menschen wissen, dass sie sich im Anschluss an das Training besser fühlen. Oft haben sie aber Probleme damit, die Zeit dafür zu finden und die nötige Motivation aufzubringen. Außerdem ist es nicht einfach, Gewohnheiten zu durchbrechen, die in die Zeit fallen, in denen man Sport treiben könnte. Vielleicht sieht das bei dir so aus, dass du abends auf dem Sofa hockst und fernsiehst oder etwas Ungesundes in dich hineinstopfst (oder beides). Bist du dir einmal deiner Gewohnheiten bewusst geworden und hast für dich entschieden, daran etwas zu ändern, kannst du versuchen, sie durch anderes zu ersetzen (Sport, gesunde Snacks). Wenn du am Ball bleibst und das konsequent umsetzt, wirst du mit der Zeit eine andere, gesündere Gewohnheit entwickeln.

9.

REDEN, AUSTAUSCH UND ANTEILNAHME – DAS »MIR GEHT'S BESSER«- GEFÜHL

FRISCH ABGEFÜLLTE

GEFÜHLE

WARNUNG: INHALT STEHT UNTER DRUCK
EXPLOSIONSGEFAHR

Annas Notfallbox

SPRICH MIT JEMANDEM DARÜBER, WIE ES DIR GEHT Wenn du Gefühle und Probleme in dir einschließt, erhöht das nur den Druck und führt dazu, dass du irgendwann platzt. Überlege dir also, wem du dich anvertrauen kannst.

SCHREIB DEINE GEFÜHLE AUF Reden hilft, aber wenn es dir erst einmal schwerfällt, dann schreib auf, wie du dich fühlst, und behalte es dann entweder für dich, oder gib es jemandem zu lesen, dem du vertraust.

NIMM ANTEIL AN ANDEREN Es gibt bekanntlich Millionen von Menschen, denen es ebenso ergeht wie dir und die mit denselben Problemen zu kämpfen haben. Wenn du anderen zeigst, dass du Verständnis für sie hast, kann das wahre Wunder für dein eigenes seelisches Wohlbefinden bewirken.

Geteiltes Leid

. . . .

Bestimmt kennst du das schöne alte Sprichwort »Geteiltes Leid ist halbes Leid«. *Wenn du deine Probleme mit einem anderen besprichst, dann seid ihr schon zwei, die über eine mögliche Lösung nachdenken.* Ich liebe diese Definition, und sie hat gewiss vieles für sich. Wenn wir mit jemandem über unsere Gefühle sprechen, dann ist das eine enorme Entlastung und Befreiung vom inneren Druck. Indem wir unsere Sorgen äußern, bekommen wir sie aus dem Kopf und legen sie in jemandes Hände, bei dem sie hoffentlich gut aufgehoben sind.

Reden – nichts leichter als das, oder? Aber mal ehrlich: Wie oft ist es dir schon passiert, dass du dich über etwas oder jemanden geärgert hast und es dir vor lauter Hilflosigkeit die Sprache verschlagen hat? Das ist eine normale und natürliche Reaktion. Aber wir sind dann frustriert und verärgert, weil es sich so anfühlt, dass etwas »unerledigt« ist. Woher kommt diese »Blockade«, wenn wir eigentlich etwas sagen müssten?

Oft liegt es daran, dass wir uns wegen der möglichen Reaktion Sorgen machen, was auch vollkommen verständlich ist. Es ist manchmal nicht so leicht, die »richtigen« Worte zu finden, vor allem dann, wenn man es nicht gewohnt ist, kein Blatt vor den Mund zu nehmen.

Hinterher ist man immer schlauer, und es ist ärgerlich genug, wenn eine Situation ungeklärt geblieben ist und der Groll weiter in einem schwelt. Vielleicht kennst du das von dir selbst, mir jedenfalls ist es schon oft so ergangen, und es kann sich so anfühlen, als ob man einen Mühlstein mit sich rumschleppt. Wenn diese Gefühle dann weiter in dir arbeiten und sich wie in einem Dampfdrucktopf zusammenbrauen, ohne ein Ventil zu haben, dann kann ich dir prophezeien, dass sie sich irgendwann entladen *werden*. Und oft genug ist es ein harmloser und banaler Auslöser, der zu dem führt, was mein Mann Alex einen »Gorillaanfall« nennt – das heißt, man führt sich auf wie ein wild gewordener King Kong.

Ein ähnliches Verhaltensmuster zeigt sich auch in anderen Lebensbereichen, und nicht nur dann, wenn wir uns über etwas ärgern. Nirgends wird das deutlicher, als wenn es darum geht, über unsere Gefühle und allergeheimsten Gedanken zu sprechen. Anderen vermitteln zu sollen, was wir *wirklich* denken und fühlen, scheint das Schwerste überhaupt zu sein. Und das ist auch verständlich. Was sich in unserem Kopf abspielt, ist nun mal äußerst privat und intim, und solange es dort bleibt, gibt uns das ein Gefühl der Sicherheit. Damit nach außen zu gehen kann große Ängste und ein Gefühl der Schutzlosigkeit auslösen, da wir niemals hundertprozentig sicher sein können, wie es von anderen aufgenommen wird.

Wir befürchten, nicht ernst genommen zu werden, Dinge zu hören wie »Stell dich nicht so an«, als »seltsam« oder »verschroben« zu gelten oder als jemand dazustehen, der anderen mit seinen Sorgen auf die Nerven geht. Es kann schwer sein, sich innerhalb der Familie oder gegenüber Freunden zu öffnen, wenn man Angst hat, als nicht mehr »lustig«, sondern als »langweilig« oder »schwierig« wahrgenommen zu werden.

Das ist ein Punkt, an dem ich dir hoffentlich etwas von deinen Ängsten und Befürchtungen nehmen kann. Nach allem, was ich am eigenen Leib und in der Arbeit mit meinen Klienten erfahren habe, kann man nur gewinnen, wenn man sich mitteilt und Vertrauen entwickelt, andere in das einzuweihen, was in einem vorgeht (das *ist* wirklich eine Fähigkeit und ich will dir helfen, sie weiter auszubauen). Es kann das entscheidende Teil in einem Puzzle sein, um die Hilfe und Unterstützung zu bekommen, die du für den Umgang mit deinen Ängsten und all deinen anderen Seelennöten brauchst.

Wer kommt als Gesprächspartner infrage?

Ich möchte an dieser Stelle deutlich machen, was ich eigentlich unter »Reden« verstehe. Ich habe mir erlaubt, davon auszugehen, dass du körperlich zum Sprechen in der Lage bist, weiß aber nur zu gut, dass dies nicht auf jeden Menschen zutrifft. Um also keine Missverständnisse aufkommen zu lassen: Wenn hier davon die Rede ist, sich mitzuteilen, dann meine ich damit die von dir bevorzugte Art, dich auszudrücken – durch Schreiben, Malen oder eben auch wortwörtlich durch den Akt des Sprechens.

Dabei ist es ziemlich entscheidend, mit der *richtigen* Person zu sprechen oder sich ihr auf andere Art mitzuteilen. Wen gibt es in deinem Leben, dem du dich anvertrauen kannst? Vielleicht dein/deine Partner/-in oder ein verständnisvolles Familienmitglied? Vielleicht gibt es auch eine gute/einen guten Zuhörer/-in in deinem Freundes- oder Kollegenkreis mit der entsprechenden Empathie? Es könnte vielleicht sogar dein Fitnesstrainer oder ein freundlicher Nachbar sein. Wenn es in deinem persönlichen Umfeld wirklich niemanden gibt, mit dem du reden kannst, dann ist das noch kein Grund zum Verzweifeln, denn es gibt noch jede Menge andere Möglichkeiten.

Grundsätzlich ist dein Hausarzt oder deine Hausärztin eine gute erste Anlaufstelle. Aber du solltest dir auch überlegen, ob du in diesem Fall dort richtig aufgehoben bist. Aus eigener Erfahrung weiß ich nur zu gut, wie wichtig es gerade bei psychischen Problemen ist, an jemanden zu geraten, der über das entsprechende Einfühlungsvermögen und Verständnis, über die Fachkenntnisse und letztlich auch die nötige Zeit verfügt. Schließlich geht es um nichts Geringeres, als dein Innerstes zu offenbaren, was keine Kleinigkeit ist, und darum ist es superwichtig, dass du dich dabei möglichst wohl in deiner Haut und respektiert fühlst.

Ich bin weit davon entfernt, Ärzten an den Karren fahren zu wollen, im Gegenteil, sie haben mir buchstäblich das Leben gerettet, und ich habe viele wunderbare und begabte Freunde, die im medizinischen Bereich arbeiten und sich mit großer Hingabe für ihren Beruf und ihre Patienten einsetzen. Andererseits kenne ich auch aus erster Hand Geschichten von Leuten, die all ihren Mut zusammengenommen haben, um sich endlich Hilfe zu suchen, und dann im Achtminutentakt abgefertigt wurden, ohne im Mindesten die Zuwendung, Empathie und Unterstützung zu erhalten, nach der sie händeringend gesucht hatten. Und oft braucht es allein schon diese Zeit, um die richtigen Worte zu finden.

Im Vereinigten Königreich sind wir mit einem staatlichen Gesundheitssystem gesegnet, auf das ich auch schrecklich stolz bin. Aber über die Jahre habe ich auch einfach zu oft gesehen oder gehört, dass Menschen, die unter Angstzuständen und Depressionen leiden, weder die Zeit noch die Aufmerksamkeit zuteilwird, die sie brauchen, um angemessene Unterstützung zu finden. Den Ärzten muss man dabei allerdings zugutehalten, dass ihre Zeit angesichts der hohen Patientenzahlen begrenzt ist, und ich kann absolut einsehen, dass dieses Versorgungssystem nur mit einer straffen Terminplanung funktioniert. Es ist offenbar ein Dilemma.

Was kannst du also tun? Trotz der soeben geäußerten Vorbehalte würde ich dir immer deinen Hausarzt als deine erste Anlaufstelle dringend ans Herz legen. Er verfügt über alle Möglichkeiten, um dich im Bedarfsfall an die entsprechenden Stellen zu verweisen, damit du die richtige Unterstützung erhältst. Bestimmte Therapieformen wie Verhaltenstherapie, analytische Psychotherapie und tiefenpsychologisch fundierte Psychotherapie werden von der Kasse übernommen, aber es kann eine Weile dauern, bis du einen Therapieplatz bekommst, weil es zum Teil lange Wartelisten gibt. Falls nötig, kann dir dein Hausarzt außerdem Medikamente gegen die Angst verschreiben – worum es in den früheren Kapiteln ja schon ging.

Um möglichst viel von einem Arztbesuch zu haben, kann es nicht schaden, sich vorher ein wenig schlauzumachen und auf den Termin vorzubereiten. Viele Ärzte arbeiten in Gemeinschaftspraxen. Du kannst dich zunächst bei der Anmeldung erkundigen, welche/welcher der Ärzte/-innen sich am ehesten mit psychischen Störungen auskennt, und entsprechend einen Termin vereinbaren.

Bis vor Kurzem mussten niedergelassene Ärzte im Vereinigten Königreich keine psychologische Zusatzausbildung absolvieren, und diese Situation spiegelt sich auch in einigen mir bekannten Fällen wider, die zeigen, dass es offenbar Glückssache war, an einen verständnisvollen Allgemeinarzt zu geraten. Und davon kann GÄNZLICH abhängen, wie es anschließend weitergeht.

Ich hatte einmal einen Klienten, der nach einem entmutigenden Erlebnis mit seinem Hausarzt zu mir kam. Nachdem er monatelang unter Panikattacken gelitten hatte, brachte er endlich den Mut auf, einen Termin mit seinem Arzt zu vereinbaren, um offen über seine zunehmenden Angstzustände und Depressionen zu sprechen. Aber kaum hatte er den Mund aufgemacht, um sein Anliegen vorzutragen, bekam er von dem Arzt die barsche Antwort, dass ihm die Zeit fehle, um sich »damit zu beschäftigen«, und er solle »in einer anderen Woche wiederkommen, in der es zeitlich besser passt«.

Mein Klient war von dieser scheinbaren »Abfuhr« so abgeschreckt und entmutigt, fühlte sich so beschämt, dass er für ein halbes Jahr wieder in sein »Verzweiflungsloch« fiel. Er war sicher niemand, der anderen die Zeit stiehlt, und gewiss wollte der Arzt ihm das auch nicht zu verstehen geben; aber wer weiß, wie anders seine Erfahrung ausgefallen wäre, hätte er einen einfühlsameren Arzt an seiner Seite gehabt.

Zum Glück erkennt man jetzt in der Medizin, wie wichtig die psychologische Schulung ist, und sie wird zunehmend zum Pflichtteil innerhalb der medizinischen Ausbildung. Es ist niemals zu spät – und besser spät als nie!

Wer kommt noch als Gesprächspartner infrage?

Natürlich *musst* du mit deinem Problem nicht zu deinem Hausarzt gehen. Vielleicht ist es dir lieber, andere Wege zu beschreiten und dir anderweitig Unterstützung zu suchen.

Oft ist auch das vertrauliche Gespräch mit einem guten Freund oder jemandem aus der Familie ein hilfreicher erster Schritt. Findet man dort die nötige Unterstützung und Empathie, kann das den Anstoß geben, spezifische professionelle Hilfe in Anspruch zu nehmen, falls erforderlich. Ich persönlich finde es sehr tröstlich, bei einem ersten Gesprächstermin eine gute Freundin zur moralischen Unterstützung dabeizuhaben, auch wenn sie draußen im Auto oder im Wartezimmer bleibt.

Therapieangebote wie Counselling, Psychotherapie, KVT, neurolinguistisches Programmieren (NLP), Hypnotherapie und Achtsamkeitskurse können privat in Anspruch genommen werden (eine kurz gefasste Übersicht findest du im Vorwort). Manchen Menschen ist diese Form der Unterstützung lieber, weil sie dabei eher anonym bleiben können und selbstbestimmter in der Wahl der Therapieform sind – aber das hat im wahrsten Sinne des Wortes seinen Preis.

Einige Therapieformen werden von der Krankenkasse getragen (was großartig ist), aber aufgrund des steigenden Bedarfs und der großen Nachfrage nach Therapieplätzen kann die Wartezeit in Einzelfällen bis zu einem Jahr betragen.

Aufgrund dieser langen Wartezeiten gibt es immer Menschen, die ihre Therapie aus eigener Tasche bezahlen. Damit erhalten sie zwar relativ zügig einen Therapieplatz, aber die Kosten für eine Therapiestunde liegen dafür auch zwischen 50 und 150 Euro, je nach Therapeut zum Teil sogar noch darüber. Die Zahl der von den Krankenkassen finanzierten Therapieplätze ist nun einmal begrenzt. In einer Idealwelt gäbe es allgemeinen freien und unmittelbaren Zugang zum Therapieangebot. Jeder, der sich für einen bewussteren Umgang mit psychischen Erkrankungen einsetzt, weiß, wie wichtig es ist, frühzeitig Hilfe zu erhalten. Bis es so weit ist, müssen wir für uns das Beste aus dem vorhandenen Therapieangebot machen.

Bücher wie dieses, gemeinnützige Vereinigungen wie die Caritas oder private Therapieplätze sind jederzeit verfügbar. Webseiten wie www.psychotherapiesuche.de oder www.netzwerk-psychotherapie.de können dir dabei helfen, einen qualifizierten Therapeuten in der Nähe zu finden, der deinem persönlichen Bedarf entspricht.

Unabhängig von Geschlecht, Hautfarbe und Religionszugehörigkeit steht es jedem Menschen frei, einen Counsellor, Coach oder Therapeuten aufzusuchen, und wer sich dazu entschließt, Hilfe in Anspruch zu nehmen, dem wird sie auch zuteil. Ein Vorteil, sich an einen ausgebildeten, privat oder über die Krankenkasse finanzierten Therapeuten zu wenden, besteht darin, dass er ein Außenstehender ist (und hier sehe ich mich auch mit meiner eigenen therapeutischen Arbeit angesiedelt). Das ist oft wünschenswert, weil es hier, anders als bei einem Gespräch im Freundeskreis oder innerhalb der Familie, keine emotionale Bindung gibt. Therapeuten sind dazu ausgebildet, wertungsfrei zuzuhören, wobei sie ausschließlich das Ziel im Auge haben, den Leidensdruck ihrer Klienten zu verringern. Eine Gesprächstherapie bietet dir die Möglichkeit, deine Probleme in neuem Licht zu betrachten und in deinem eigenen Tempo deine eigenen Antworten zu finden, und zwar in einem geschützten Rahmen, in dem du mit deinen Ansichten respektiert wirst.

Hier hast du die Freiheit, deinen Gefühlen und Gedanken freien Lauf zu lassen, du darfst hier lachen, weinen, toben, oder auch nur reden und laut nachdenken, und ich bin immer wieder von Neuem davon angetan, wie wertvoll dieser Rahmen für Menschen sein kann, die vor der Notwendigkeit stehen, sich über ihre Situation und ihre Gefühle im Klaren zu werden. Manche Menschen sagen, dass ihre Probleme durch die Gesprächstherapie nicht weggehen, aber leichter handhabbar werden. Sie können wieder ein glücklicheres Leben führen … und wenn wir glücklicher sind, lösen sich auch die Angstgefühle leichter auf.

Der Besuch beim Therapeuten –
was dich erwartet

Bei einem Therapeuten, Coach oder Counsellor einen Termin zu vereinbaren kann schon einschüchternd genug sein, von der ersten Sitzung ganz zu schweigen. Viele Menschen sind vor dem ersten Termin nervös und aufgeregt – was vollkommen normal ist, schließlich geht es darum, sich mit seinen geheimsten Gedanken und Gefühlen zu offenbaren! Ich würde sogar so weit gehen, zu behaupten, dass JEDER Klient, mit dem ich arbeite, in der ersten Therapiestunde aufgeregt ist. Therapeuten sind das gewohnt und sollten für eine möglichst entspannte Atmosphäre sorgen. Ich wette, dass du dich am Ende der ersten Stunde schon viel weniger beklommen fühlst.

Die Wahl des Therapeuten

Webseiten wie die bereits erwähnten sind ein guter Ausgangspunkt für deine Recherche, wenn du dir unsicher bist, mit welcher Art von Therapie oder Therapeut du es versuchen möchtest. Ob du dich nun für einen Counsellor, Life Coach oder Psychologen entscheidest, erkundige dich nach Qualifikationen, Ausbildung und Berufserfahrung und achte auch darauf, ob er einem der anerkannten Berufsverbände angehört.

Es kann auch nicht schaden, nachzufragen, wie es mit speziellen Qualifikationen und Erfahrungen in Bezug auf deine spezielle Problematik steht. Ein guter Therapeut wird immer bereit sein, dir eine/einen Kollegen/-in zu empfehlen, bei dem/der du möglicherweise besser aufgehoben bist, wenn er den Eindruck hat, in deinem Fall nicht zuständig zu sein.

Die Wahl des Mediums

Das persönliche Gespräch unter vier Augen ist noch immer die gängigste Form von Therapiesitzung. Inzwischen gibt es zu diesem traditionellen Therapieangebot aber auch Online-Alternativen. Einzel-Therapiesitzungen werden jetzt auch über das Internet angeboten (Skype, FaceTime, Webinar), per E-Mail oder Telefon.

Bei der Entscheidung darüber, welche Form von Therapiesitzung für dich infrage kommt, spielt der Zeit- und Kostenfaktor natürlich eine Rolle, und mit den zusätzlichen Optionen, die das Internet bietet, hast du weit bessere Chancen, einen Therapeuten zu finden, der dir und deinem Bedarf am besten entspricht, und zwar in der von dir bevorzugten Kommunikationsform. Einer meiner Klienten wohnt in Nordschottland, wo es, wie er sagt, kaum Therapieangebote für ihn gibt. Aufgrund familiärer Verpflichtungen hat er außerdem wenig Zeit. Dank Internet hatten wir wöchentliche Sitzungen über Skype, in deren Verlauf er große Fortschritte gemacht hat – und das, ohne das Haus verlassen zu müssen.

Denke also einmal darüber nach, welche Form von Therapie für dich infrage kommt und was dafür spricht.

Die ersten Sitzungen

Der eigentlichen Therapie gehen in der Regel fünf probatorische Sitzungen voraus, in denen Therapeut/-in und Klient/-in einander kennenlernen. Der Therapeut wird dich über seine Schweigepflicht aufklären und für einen Rahmen sorgen, in dem du dich sicher und aufgehoben fühlst. Du hast die Möglichkeit, Fragen zu stellen (vielleicht schreibst du dir vor der Sitzung die eine oder andere auf), und umgekehrt wird der Therapeut dir Fragen stellen, z. B., was dich dazu gebracht hat, dir einen Therapieplatz zu suchen, was du dir von der Therapie versprichst und unter welchen Symptomen du leidest. Außerdem wird er dir seine Arbeitsweise erklären, von welchem therapeutischen Konzept und welcher Behandlungsdauer er ausgeht, woraufhin ihr euch auf eine gemeinsame Vorgehensweise einigt.

Der weitere Therapieverlauf

Dein/Deine Therapeut/-in vereinbart mit dir eine Anzahl von Sitzungen, die beiden Seiten angemessen und durchführbar erscheinen und die er/sie anschließend bei der Krankenkasse beantragt. Eine Therapiesitzung dauert in der Regel 50 Minuten. Dieser Zeitrahmen wird als optimal für die Konzentration angesehen – sowohl für den Klienten als auch den Therapeuten. Eventuell werden dir bis zur nächsten Sitzung bestimmte Aufgaben gestellt. Solche Hausaufgaben sind für manche Menschen eine willkommene Möglichkeit, die positive Therapiearbeit bis zur nächsten Stunde für sich weiterzuführen. Manche Klienten gehen auch gerne eine Selbstverpflichtung gegenüber dem Therapeuten ein, um auf diese Weise ein Weiterkommen zu gewährleisten.

Das Beenden der Therapie

Der/Die Therapeut/-in behält während der ganzen Zeit den Therapieverlauf im Auge und wird die Entscheidung, die Therapie zu beenden oder zu unterbrechen, immer mit dir gemeinsam treffen. Manche Menschen nehmen nur eine einzige Sitzung in Anspruch, andere haben einen festen Therapieplan.

Außerdem ist ein offenes Konzept möglich, bei dem nur fallweise Sitzungen vereinbart werden. Sprich mit deinem/deiner Therapeuten/-in über deine Vorstellungen zum Therapieablauf und achte bewusst darauf, dass die entsprechenden Vereinbarungen sich für dich gut anfühlen.

Selbstverletzendes Verhalten und der heilsame Einfluss des Gesprächs

Suchtverhalten und andere schädliche Bewältigungsstrategien haben wir uns bereits angeschaut. Selbstverletzendes Verhalten fällt ebenfalls in diese Kategorie, da es häufig der Bewältigung aufgestauter Emotionen dient. Gespräche und Therapiesitzungen sind für die Betroffenen besonders hilfreich und befreiend, weil sie so ihre Gefühle auf eine sehr viel ungefährlichere und gesündere Weise nach außen tragen können.

Wer sich nicht dazu in der Lage fühlt, seine Gefühle mündlich oder auch schriftlich zum Ausdruck zu bringen, kann dazu neigen, sich absichtlich selbst zu verletzen, um sich von dem im Inneren eingeschlossenen Schmerz zu entlasten. Eine beunruhigend große Zahl von Menschen greift zu diesem Mittel – und dabei handelt es sich keineswegs nur um Teenager, wie manche meinen. Aus kürzlich veröffentlichten Zahlen des National Health Service (NHS) geht hervor, dass laut einer Studie aus dem Jahr 2014 bis zu einem Viertel der jungen Frauen zwischen 16 und 24 Jahren selbstverletzendes Verhalten an den Tag legt. Zum selbstverletzenden Verhalten kann gehören, sich zu schneiden, an den Haaren zu reißen, zu schlagen, zu kratzen, zu kneifen, zu verbrennen oder auch sich Muster oder Wörter in die Haut zu »ritzen«.

Auch hier ist es wichtig, dieses Verhalten nicht zu verurteilen, sondern den Betroffenen mit Verständnis zu begegnen, für die es eine große Erleichterung bedeuten würde, andere Kanäle zu finden, um ihren Schmerz, ihre Frustration und innere Not auszudrücken. Reden hilft auch hier, erfordert aber Zeit und Geduld. Wenn du selbst betroffen bist oder jemanden kennst, der zu selbstverletzendem Verhalten neigt, solltest du einen Besuch beim Hausarzt erwägen, um dir Unterstützung zu holen. Im Internet findest du ebenfalls Informationen und Rat, z.B. unter www.borderline-plattform.de/index.php/selbstverletzung oder www.rotelinien.de. Die Hauptsache ist, immer daran zu denken, dass du nicht allein bist und dir Hilfe holen kannst.

Wie wir gesehen haben, ist Reden nicht immer so leicht und kann sogar eine ziemlich heikle Angelegenheit sein. Da aber die Vorteile des Gesprächs dessen mögliche Nachteile bei Weitem aufwiegen, lohnt es vielleicht, dich einmal auf all die Fähigkeiten, von denen ich *weiß*, dass sie in dir schlummern, zu besinnen und einen kleinen Schritt in die Welt der persönlichen Mitteilung zu wagen, das heißt, über *dich* zu sprechen.

Meine Geschichte

. . . .

Wer mich kennt, weiß, dass ich reden kann, eine Menge sogar. Mein mittlerweile verstorbener Schwiegervater hat mir schon beim ersten Treffen in seinem harten italienischen Akzent gesagt: »Anna, *du redest zu viel!*« Das hat damals einen bleibenden Eindruck bei mir hinterlassen. Für eine Fernseh- und Radiomoderatorin ist es nun mal wichtig, wie ein Wasserfall reden zu können und sich damit auch wohlzufühlen. Das gehört einfach zum Job. Es sind aber zwei Paar Schuhe, im Fernsehen oder

Radio aus dem Stegreif oder nach Skript über irgendein Thema zu plaudern oder über meine geheimsten Gedanken und Gefühle zu sprechen. Das ist etwas vollkommen anderes, und ich habe Jahre gebraucht, bis ich dazu in der Lage war.

Ich habe immer *geglaubt*, ein sehr kommunikativer Mensch zu sein, und denke, dass ich im Großen und Ganzen damit auch richtiglag, vor allem, was meine Arbeit betrifft. Nach meinem »Meltdown Day« fiel es mir aber wie Schuppen von den Augen, dass ich mich unglaublich schwer damit tat, über meine »andere Seite« zu sprechen, über mein wahres Ich, meine täglichen Sorgen und Nöte, den Teil, den ich niemanden sehen ließ – all die unausgesprochenen Worte und Gedanken, die in meinem übervollen Kopf dröhnten, ohne herauszufinden. In Gestalt meines Therapeuten bot sich mir nun dieser Weg, und ich musste sie *herauslassen*, wusste aber nicht, wie.

Ohne mir dessen bewusst zu sein, war ich durch die komplizierte Beziehung, in der ich steckte, darauf getrimmt, stillzuhalten. Ich wollte kein Theater machen und fraß den ganzen Ärger und Aufruhr in mich hinein, in der Hoffnung, er würde sich von selbst wieder legen. Wenn sich jemand nach meinem Befinden erkundigte, war ich eine Meisterin darin, zu verkünden, dass es mir »ausgezeichnet« gehe, obwohl ich mich damals alles andere als gut fühlte. Irgendetwas hatte mich lange Zeit davon abgehalten, einfach mit einem »Mir geht's mies« herauszuplatzen. Aber WAS hat mich davon abgehalten? Es war Angst. Angst vor der Beschämung, Angst vor dem Unbekannten, Angst davor, dass sich diese unerklärlichen schrecklichen Angstzustände als ein Fass ohne Boden erweisen könnten, sobald ich versuche, ihnen auf den Grund zu gehen. Und dennoch fiel sofort eine schwere Last von mir ab, als *endlich* etwas in mir aufbrach und ich das Wörtchen »*Hilfe*« über die Lippen brachte.

Übungsalarm

Den Kopf entrümpeln

Bevor man bereit ist, sich Hilfe und Unterstützung zu suchen, besteht der erste Schritt oft darin, die eigenen Gefühle »herauszulassen«. Leichter gesagt, als getan, oder? *Was* soll ich sagen? *Wie* soll ich es sagen? **Wann** soll ich es sagen? Das sind so die Fragen, die uns beschäftigen, wenn es darum geht, die Sache auf den Punkt zu bringen.

Hier ein paar Tipps, die ich sehr hilfreich finde, wenn man sich dazu entschließt, sich einem anderen Menschen anzuvertrauen.

Entscheide dich für ein Medium. Vielleicht nimmst du dir ein Blatt Papier und einen Bleistift, dein Smartphone oder dein Tablet. Erstelle ein Spinnendiagramm, eine Mindmap oder eine Brainstorming-Tabelle. Du kannst auch einen Brief an einen vertrauten Menschen schreiben oder an dich selbst. Was immer dir am liebsten ist, entscheide dich für eine Möglichkeit, und LEG LOS. Ich nenne das gerne »den Kopf entrümpeln«: Du machst den Kopf frei, indem du all deine Gedanken, Gefühle und Sorgen herauslässt. ☺ Sei dabei ehrlich zu dir selbst – und das kann der schwerste Part sein. Wenn du nichts zurückhältst, dann bleibt auch nichts in deinem Kopf, was du verdrängen musst und was dich weiter beschäftigt. Lass das Gefühl der Befreiung zu, das sich einstellt, wenn du alles aufschreibst, was dich bewegt. Vergiss nicht, dass es hier um deine eigenen intimsten Gedanken und Gefühle geht und es vollkommen bei dir liegt, ob du sie jemandem mitteilen willst, und falls ja, wem. ☺ **Sei kreativ. Manchmal können wir uns**

261

mit einem Liedtext, mit einer Geschichte oder einem Gedicht identifizieren, und es kann hilfreich sein, fremde Worte zu benutzen, wenn sie deine eigenen Gefühle zum Ausdruck bringen. ☺ Teile dich mit. Vielleicht hebst du dir dein Opus auf, um es bei Gelegenheit wieder zu lesen, wenn dir danach ist (es kann sehr aufschlussreich sein, später noch einmal darauf zurückzukommen). Vielleicht erlebst du es auch als befreiend, deine Notizen in einer kleinen Zeremonie zu verbrennen oder zu zerreißen, während du den negativen Gefühlen Lebewohl sagst. Alternativ kannst du dich dafür entscheiden, sie jemand anderem zu lesen zu geben, vielleicht einem vertrauten Freund oder jemandem aus der Familie oder auch deinem Hausarzt oder Therapeuten. ☺ Wähle den richtigen Zeitpunkt. Falls du dich für die letzte Möglichkeit entscheidest: sehr gut! Überlege dir, welcher Ort und Zeitpunkt dafür günstig ist, damit der oder die Auserwählte nicht zu beschäftigt oder abgelenkt ist. Er/Sie sollte sich in einer möglichst entspannten Situation befinden und auch genug Zeit haben. Du kannst auch ein bisschen vorbauen, indem du vorher anfragst, wann es am besten passt. Bereite dich dann innerlich auf die Begegnung vor, damit du dich dabei möglichst sicher und wohl in deiner Haut fühlst, und achte im Gespräch auf deine Körpersprache und Stimme.

Aufgrund meiner eigenen Erfahrungen verstehe ich vollkommen, dass man manchmal erst am absoluten Tiefpunkt ankommen muss, bevor es wieder bergaufgehen kann. Nachdem man mich nach Hause geschickt und für ein paar Wochen »krank«-geschrieben hatte, sah ich schließlich ein, dass ich nicht umhinkam, mich den Menschen in meiner nächsten Umgebung anzuvertrauen. Im Grunde genommen hatte ich auch gar keine andere Wahl, da sich jeder Sorgen machte, weil ich ausgerechnet im arbeitsintensivsten Monat beim Fernsehsender beurlaubt war und zeitweise wieder bei meinen Eltern wohnte.

Der erste Schritt bestand darin, aufrichtig mit mir selbst zu sein. Und ich musste den Menschen um mich herum vertrauen, den Menschen, die mich am besten kannten, und darauf zählen, dass sie mir zuhören und mich mit meinen Gefühlszuständen akzeptieren und unterstützen. Meine Eltern, die mein Fels in der Brandung sind, haben dabei alle meine Erwartungen übertroffen. Bis dahin wollte ich sie nicht beunruhigen – so geht es wohl vielen –, aber es war ein fruchtloses Unterfangen, weil sie ohnehin seit Monaten wussten, dass etwas nicht stimmt, sich dabei aber hilflos fühlten und vollkommen im Dunkeln tappten.

Auch meine Brüder waren ein wichtiger Teil meines Unterstützer-Netzwerks. Nicht dass es ihr Ding gewesen wäre, über Gefühle zu sprechen, hilfreich war vielmehr, was sie »nicht sagten«. Ausnahmsweise mal keine Sprüche, stattdessen eine Tasse Tee, als ich sie brauchte. Und ich kann mich an einen Film-Marathon mit meinem jüngeren Bruder James erinnern, bei dem wir einen Abend lang in friedlicher Eintracht schweigend zusammenhockten – eine Erinnerung, für die ich deshalb so dankbar bin, weil sie mir dieses schlichte Gefühl von Sicherheit vermittelt. Sie wussten einfach, dass es Schwesterherz nicht gut ging, und ich werde immer dafür dankbar sein, dass sie einfach für mich da waren und mir diesen sicheren Rahmen gaben.

Auch meine Freunde hatten enormen Anteil daran, dass es mir wieder besser ging. Ich hatte einfach keine glaubhaften Ausreden mehr auf Lager. Inzwischen war ich zwar gut darin, meine wahren Gefühle zu verbergen, und schützte Migräne vor oder irgendetwas ähnlich Glaubwürdiges (wie ich hoffte), wenn mir wegen meiner Angstzustände nicht danach war, auszugehen. *Irgendwann* weihte ich aber auch meine engsten Freunde ein, und ich wünschte, ich hätte damals gewusst, was ich heute weiß, nämlich dass ich allen Grund habe, den Menschen zu vertrauen, die immer für mich da waren (und sind), und dass es keinen Grund gibt, sich zu schämen. Sie sind einfach eine tolle Truppe, und man kann sich keine besseren Freunde wünschen. Jeder Einzelne von ihnen war für mich da, als ich jemanden brauchte, bei dem ich mich ausheulen konnte, hatte für mich ein offenes Ohr und eine Tasse Tee zur rechten Zeit – und es fühlte sich verdammt gut an, zu reden!

Auch mein Psychiater Dr. Schapira spielte eine entscheidende Rolle. Die Gespräche im Familien- und Freundeskreis waren hilfreich ohne Ende, aber es blieb immer noch ein Rest, von dem ich nicht wusste, wie ich ihn ausdrücken und loswerden konnte. Ich brauchte – und wollte – unparteiische professionelle Unterstützung.

Für mich war es eine Wohltat, dass ich ihn vor unserer ersten Sitzung nicht kannte. Er war ein Außenstehender ohne emotionale Bindung zu mir und ohne vorgefasste Meinung, und er kannte niemanden sonst in meinem Leben. Allein diese Tatsache hatte etwas unglaublich Befreiendes. Er verfügte über die nötige Erfahrung und die Techniken (zu denen auch die Hypnose zählte, siehe unten), um auch die dunkelsten und am tiefsten vergrabenen Gefühle und Ängste in mir hochzuholen. Während einer Stunde pro Woche konnte ich in seiner kleinen Praxis reden, weinen und lernen, die ganze innere Last loszuwerden, während all die aufgestauten Gefühle einfach aus mir heraussprudelten. Bei ihm lernte ich auch, mich selbst und die Situation, in der ich war, anzunehmen. Und was mit das Wichtigste war: Ich lernte, meine Angst- und Panikattacken in den Griff zu bekommen.

Was ist Hypnose?

Hypnose ist die Erzeugung eines Bewusstseinszustandes, in dem eine Person äußerst empfänglich für Anleitung und Suggestionen ist und in dem wirksam »Veränderungsarbeit« stattfinden kann. Sie wird als ein »veränderter Bewusstseinszustand« beschrieben und häufig als effektive Entspannungsmethode eingesetzt. In einer hypnotischen »Trance« ist der Klient bei vollem Bewusstsein, während der Hypnotherapeut mit ihm Gedanken, Gefühle und Erinnerungen erkundet. Dabei kann er Hinweise, Erklärungen und Aufforderungen einflechten.

Der hypnotische Zustand kann sich wie »Tagträumen« anfühlen. Man schläft dabei aber nicht, ist vielmehr vollkommen wach und bewusst, während alle störenden Reize und Geräusche »ausgeblendet« sind, sodass man sich völlig auf das anstehende Thema oder Problem konzentrieren kann. Weil es noch nicht ausreichend Belege dafür gibt, wird die Wirksamkeit der Hypnose bei der Behandlung von Angststörungen zum Teil infrage gestellt. Aber viele Menschen, die ihre Vorzüge erfahren haben (ich eingeschlossen), schwören auf sie und die tiefe Entspannung, die durch sie zustande kommt. Wende dich, falls du Interesse hast, immer an einen qualifizierten und anerkannten Hypnotherapeuten.

Wertvorstellungen und Überzeugungen

Die Arbeit an meinen Wertvorstellungen und Überzeugungen machte einen großen Teil meiner Selbstfindung aus, bei der ich auch lernte, mich selbst anzunehmen. Unsere Wertvorstellungen und Überzeugungen sind das, was uns im Kern ausmacht. Sie zeigen, was uns wichtig ist, und schaffen eine solide Basis für das, wofür wir im Leben stehen. Als das eigentliche Rückgrat unserer Persönlichkeit sollten unsere Wertvorstellungen nicht zur Diskussion stehen, und sie können uns eine große Hilfe sein, wenn es darum geht, Klarheit, Frieden und Zufriedenheit zu finden.

Wenn es andere Einflüsse gibt, die unser Urteil und unsere Orientierung trüben, dann kann es passieren, dass wir aus den Augen verlieren, was uns wichtig ist und wer und was wir sind. So ist es mir ergangen, als ich von meinen Gefühlen und den lähmenden Ängsten überrollt wurde. Wenn wir unsere Wertvorstellungen und Überzeugungen aber wieder ins Spiel bringen, um voller Stolz an ihnen festzuhalten, dann ist das eine großartige Möglichkeit, wieder an Selbstvertrauen zu gewinnen, das uns oft mangelt, wenn wir es mit dem unberechenbaren Dämon der Angst zu tun haben. Wollen wir's also angehen?

Ein Geben und Nehmen

Es klingt vielleicht etwas seltsam, vielleicht auch ein bisschen abgehoben, aber die Anteilnahme an anderen kann für den eigenen Heilungsprozess enorm hilfreich sein, womit man gewissermaßen zwei Fliegen mit einer Klappe schlägt. Wenn wir anderen Sympathie und Empathie entgegenbringen, wird das nicht nur von unserem Gegenüber dankbar aufgenommen, sondern kann auch in Bezug auf unser eigenes Selbstwertgefühl wahre Wunder wirken.

Ich kann es jemandem schon von Weitem ansehen, wenn er eine Panikattacke hat oder mit Angstzuständen kämpft. Vielleicht hätte ich es nicht mitbekommen, bevor ich selbst in diese Lage geraten war, aber wer das erst einmal selber durchgemacht hat, erkennt auch bei anderen schnell die entsprechenden Anzeichen. Und das Schöne daran ist, dass man genau weiß, wie ihnen zu helfen ist, nämlich durch ein Wort oder eine Geste des Verständnisses und der Anteilnahme.

Eine einfache Erkundigung wie »Ist alles okay?« oder »Würdest du gerne darüber sprechen?« kann schon enorm viel bewirken. Du solltest niemals unterschätzen, wie gut es anderen tut, wenn sie sich wahrgenommen fühlen. Nimm dir die Zeit, deinen Freunden und den Mitgliedern deiner Familie zuzuhören. Frag sie von Zeit zu Zeit, wie es *ihnen* geht, und zeige ihnen, dass du ein offenes Ohr für sie hast, wenn sie den Wunsch haben, sich mitzuteilen.

Sich um andere zu kümmern ist nicht nur eine nette Sache (das heißt, wenn wir uns dazu auch in der Lage sehen, denn zuerst müssen wir natürlich für uns selbst gut sorgen). Es kann eine gewaltige Unterstützung sein und den entscheidenden Anstoß für einen Menschen bedeuten, der sich vielleicht schon eine Weile quält, ohne zu wissen, wie und wo er sich Hilfe holen kann. Und dir selbst wird es damit auch richtig gut gehen. Eine echte Win-win-Situation.

Übungsalarm

Sei stolz darauf, wer du bist

In dieser Übung geht es darum, dir deine ganz persönlichen Wertvorstellungen bewusst zu machen (also was dir im Leben wichtig ist). Wertvorstellungen sind immer etwas Individuelles und stehen in einer persönlichen Rangfolge, das heißt, sie unterscheiden sich darin, wie viel sie uns bedeuten und welchen Einfluss sie auf unsere Gedanken, Gefühle und Handlungsweisen haben.

Viele Menschen legen z. B. Wert auf:
- Vertrauen
- Loyalität
- Erfolg/Wohlstand
- Gesundheit
- Kommunikation
- Liebe
- Sicherheit
- Ehrlichkeit
- Privatsphäre
- Glück
- Frieden
- Integrität
- Arbeitsethos
- Verantwortung
- Mitgefühl
- Empathie
- Urteilsvermögen
- Nächstenliebe

Überlege dir, von welchen Wertvorstellungen du geleitet wirst. Lass dir möglichst viele Dinge einfallen, die dir wichtig sind, und notiere sie auf einem Blatt Papier. ☉ Jetzt wollen wir das Ganze ein bisschen eingrenzen und die Top 5 deiner wichtigsten Wertvorstellungen herausarbeiten. Schau dir deine Liste an und entscheide, welche Wertvorstellung dir am allerwichtigsten ist und damit auf den ersten Platz gehört. Vergib dann die Plätze 2 bis 5 in der Reihenfolge ihrer Bedeutung. ☉ Frage dich jetzt: »Wenn ich Wert Nummer 1 haben könnte, aber nicht Wert Nummer 2, wäre das für mich okay?« Wenn die Antwort »ja« lautet, dann rangiert diese Wertvorstellung zu Recht an erster Stelle deiner Top 5. Wenn die Antwort aber »nein« lautet, ist das ein Hinweis darauf, dass du ein bisschen herumprobieren und umverteilen musst, damit die Rangfolge für dich stimmt. ☉ Stell dir dann dieselbe Frage in Bezug auf die anderen Wertpositionen, also: »Wenn ich Wert Nummer 2 haben könnte, aber nicht Wert Nummer 3, wäre das für mich okay?«, bis du bei Wert Nummer 5 angekommen und mit der Rangfolge deiner Top 5 zufrieden bist. Als Beispiel hier meine eigenen Top 5, wie sie aktuell für mich gelten:

Annas Top-5-Wertvorstellungen:
    Glück
    Sicherheit
    Beziehungen
    Kommunikation
    Vertrauen

Sobald wir die Top 5 unserer Wertvorstellungen aufgestellt haben, können wir eine davon herausgreifen und in einem Brainstorming die Inhalte benennen, die wir mit diesem Wert verbinden. Dabei kann noch einiges in Bewegung kommen, wenn wir uns wirklich klarmachen, was wir mit unseren Wertvorstellungen eigentlich meinen – und das ist auch gut so und der eigentliche Zweck der Übung. ☺ Ich selbst arbeite bei diesem Teil der Übung gerne mit einem Spinnen- oder Satellitendiagramm, du kannst aber auch einfach eine Liste erstellen. Schreibe dafür deine Wertvorstellung in die Mitte eines Blattes oder ganz oben an den Anfang deiner Liste (beginne mit deiner Wertvorstellung Nummer 1, weil sie die wichtigste ist). Stell dir dann die Frage: »Welche Voraussetzungen müssen erfüllt sein, um diese Wertvorstellung für mich zu verwirklichen?« – das sind deine »Überzeugungen«. ☺ Wenn ich etwa meine Wertvorstellung Nummer 1 nehme, dann sehen meine Grundüberzeugungen, wie diese Wertvorstellung zu realisieren ist, etwa so aus:

Wertvorstellung = Glück

Überzeugungen =
1. Zeit mit meinen Freunden und meiner Familie verbringen
2. mir Zeit nehmen, um mich zu entspannen
3. gute Gespräche führen, bei denen viel gelacht wird

(Hier würde ich die Liste meiner Überzeugungen nach Belieben weiter fortsetzen und genauso mit meinen anderen Wertvorstellungen verfahren – und es ist faszinierend zu sehen, wie sehr letztlich alles miteinander zusammenhängt.)

Diese ebenso einfache wie effektive Übung kann richtig Spaß machen, ist äußerst positiv und motivierend (was ein gutes Mittel gegen die Angst ist) und sehr hilfreich, um dich daran zu erinnern, wer du bist und was dir wichtig ist.

Auf diese Weise unsere Wertvorstellungen zu ergründen kann wirklich sehr aufschlussreich sein und auch Überraschungen mit sich bringen. Vielleicht stellen wir dabei fest, dass Dinge, von denen wir »dachten«, dass sie äußerst wichtig für uns wären, wie z. B. Verantwortung und Wohlstand, tatsächlich nichts im Vergleich mit der Bedeutung sind, die andere Werte wie z. B. Loyalität und Kommunikation für uns haben, und mit dem, was sie uns »bringen«. Diese Einsicht kann entscheidend dafür sein, mit wie viel Klarheit und Zielstrebigkeit wir uns unser Leben einrichten.

Wenn wir unsere Wertvorstellungen kennen, hilft uns das auch, klarer darin zu sein, wie wir fühlen und handeln. Wir erkennen besser, was wir tun müssen, um uns gut zu fühlen, und finden mehr Wege, um unsere Wertvorstellungen zu verwirklichen. Eine großartige Antiangstübung. Viel Spaß!

In die Zukunft blicken

Wenn wir eine deutlichere Vorstellung davon haben, wohin die Reise gehen soll, warum und wie wir unser Ziel erreichen wollen, dann kann sich das Leben leichter, freier und auch spannender anfühlen.

Aufgrund meiner eigenen Erfahrungen der letzten zehn Jahre weiß ich: Als ich mich selbst besser wahrnahm, mir klarmachte, wie und warum mir gewisse Dinge passieren, und vor allem verstand und akzeptierte, wer ich bin und was mein Leben ausmacht, haben sich die Dinge ohne jeden Zweifel für mich zum Besseren gewendet.

Was nicht heißen soll, dass es einfach war und in meinem Leben wie durch Zauberhand fortan alles nur noch eitel Wonne gewesen wäre. Es gab auch weiterhin kleine Krisen und Rückschläge, aber sie haben mich nicht mehr von meinem Weg abbringen können. Ich war nicht länger die verängstigte und emotional verunsicherte Anna, die es jedem recht machen wollte. Meine Angst- und Panikzustände hatten mich etwas gelehrt.

So seltsam es klingen mag, aber ich bin für meine damalige Diagnose sogar *dankbar* und habe meinen Frieden damit geschlossen. Ohne diesen gewaltigen Einbruch mit Anfang 20 wäre ich weder dort, wo ich heute bin, noch wäre ich, wer ich bin.

Und wer *bist* du?, fragst du nun vielleicht. Nun, das zu beurteilen möchte ich gerne dir überlassen, und ich hoffe, du bist nachsichtig mit mir. Wenn du aber mich fragst, würde ich sagen, dass ich aus all dem glücklicher, zufriedener, toleranter, empathischer, bewusster, offener und gelassener hervorgegangen bin.

Allein diese Worte zu schreiben berührt mich seltsam emotional und macht mich auch stolz. Ich bin nicht »geheilt« und glaube auch nicht, dass es bei einer Angststörung so etwas wie »Heilung« geben kann. Das klingt so, als würde man sich nie wieder so fühlen, aber wie wir wissen, ist Angst gesund und normal – wenn man richtig mit ihr umgeht.

Die letzten zehn Jahre habe ich darangesetzt, anderen zu helfen, denen es genauso ergeht, wie es mir damals ergangen ist. In meiner Therapie erkannte ich, dass ich ein Problem hatte, das gerne »unter den Teppich gekehrt« wird und das ich mit einer Menge Leute teile. Und ich bin voller Dankbarkeit und Bewunderung für all die Menschen, die zu mir kommen und sich mir anvertrauen.

Angst kann sich scheußlich anfühlen, und wir alle sind nur Menschen, die von der Achterbahn des Lebens immer wieder auf die Probe gestellt werden. Aber indem du dieses Buch liest, dich selbst besser kennenlernst, indem du mutig um Hilfe bittest und das Vergangene akzeptierst und loslässt, kannst du in Zukunft ein gesünderes, glücklicheres, weitgehend angstfreies Leben führen.

Ich bin der lebendige Beweis dafür, dass die Angst nicht definiert, wer wir sind. Also sei stark, sei du selbst und sei stolz darauf. Willkommen im Rest deines Lebens … Es war mir eine Ehre, ein Teil davon zu sein.

Zum guten Schluss

Diese einfache Übung ist mir eine der liebsten, und sie macht richtig Spaß. Da du dich nun (hoffentlich) der Angst besser gewachsen fühlst, soll diese Übung dir noch eine visuelle Unterstützung für eine positiv gestimmte Zukunft mit auf den Weg geben.

Anhand einer »Stimmungscollage« erschaffst du dir hier dein »künftiges Ich«. Nimm ein großes Stück Pappe, einen Bogen Papier oder eine Leinwand, eine App für dein Smartphone oder Tablet – oder warum nicht einfach die Wand damit »tapezieren«? ☺ Lass dich von Zeitschriften, Webseiten oder virtuellen Pinnwänden (z. B. Pinterest) zu deiner Zukunfts-Collage inspirieren und gestalte sie so lebendig und detailreich wie möglich. ☺ Dazu kannst du ausgeschnittene Bilder aufkleben, selbst etwas zeichnen, malen oder schreiben bzw. im »Copy-and-paste«-Verfahren virtuell etwas zusammenstellen. Welcher Methode du dich auch immer bedienst: Erschaffe dir deine eigene Vision davon, wie dein »neues Ich« aussehen und sich anfühlen soll. Bilder, Zitate, Zeichnungen, Fotos von Vorbildern oder bestimmten Orten und was immer deine Gefühle und Sehnsüchte zum Ausdruck bringt: Nimm alles mit in deine Collage auf, was dich begeistert und motiviert. ☺ Mit der Zeit kannst du deine Collage immer weiter ergänzen oder ausgestalten. Wichtig ist, dass du sie irgendwo platzierst, wo du sie regelmäßig im Blick hast, und dir erlaubst zu »sein«, was du gestaltest. ☺ Wenn wir unseren Sehnsüchten eine sichtbare Form verleihen, um sie auf diese Weise im Auge zu behalten, schaffen wir damit die besten Voraussetzungen, um sie zu verwirklichen. Und jetzt viel Spaß beim Gestalten deiner Zukunftsvision!

Dr. Reetta Newell sagt ...
Reden, Austausch und Anteilnahme

Positive Beziehungen und die Fähigkeit, mit anderen Menschen in Kontakt zu kommen, sind entscheidend für das seelische Wohlbefinden. Wenn wir miteinander reden und uns mit anderen austauschen, kann uns das dabei helfen, uns von inneren Spannungen zu befreien und seelisch gesund zu bleiben. Es hilft uns bei der Klärung unserer Gedanken, Gefühle und Sorgen und unterstützt uns darin, Lösungen für unsere Probleme zu finden. Unsere Gefühle zum Ausdruck zu bringen schafft und festigt zwischenmenschliche Bindungen, stärkt unser Gefühl der Zugehörigkeit und lässt uns weniger allein fühlen.

Top-Tipps: Wie du lernst, deine Gefühle mitzuteilen

Top-Tipp 1
Wenn du deine Gefühle zum Ausdruck bringst, kann das andere dazu ermutigen, es dir gleichzutun. Dabei können die drei einfachen Worte »Ich fühle mich ...« ein Einstieg sein. Versuche es das nächste Mal, wenn du mit Menschen zusammen bist – es fühlt sich gleich viel weniger unbehaglich an, als sich schweigend gegenüberzusitzen.

Top-Tipp 2
Wenn du das nächste Mal einen Menschen in deinem persönlichen Umfeld darüber klagen hörst, wie »gestresst« er ist (was heute auf die meisten zuzutreffen scheint), dann ermutige ihn, über seine Gefühle zu sprechen – wir alle haben Gefühle!

Versuche, darauf einzugehen, indem du Verständnis für seine Situation zeigst: »Das klingt so, als hättest du eine Menge am Hals« oder »Das hört sich wirklich schlimm an«. Das kann schon genügen, um dem anderen etwas von der Last zu nehmen, und ihm das Gefühl geben, Gehör zu finden und nicht allein zu sein.

Top-Tipp 3
Ich stimme mit Anna darin überein, dass Reden manchmal nicht so leicht ist. Versuche dann, deine Gefühle schriftlich zum Ausdruck zu bringen. Ein Tagebuch zu führen kann dabei helfen, schwierige Zeiten besser durchzustehen. Dabei kannst du deine Gedanken so zu Papier bringen, als wenn du sie einem Freund oder einer Freundin mitteilen würdest. Du kannst aber auch eine kreativere oder abstraktere Form wählen, indem du z.B. einen Liedtext, ein Gedicht oder eine Kurzgeschichte daraus machst.

Jeder ist anders – und jeder hat seine eigene Art, über seine persönlichen Probleme zu sprechen. Manche Menschen sind sehr offenherzig, andere sehr reserviert, und der Rest bewegt sich irgendwo dazwischen. Denke doch einmal darüber nach, wo du dich selbst gerne innerhalb dieses Spektrums sehen möchtest. Welche Erfahrungen hast du als Kind damit gemacht, deine Gefühle auszudrücken, und wie haben die anderen in der Familie es damit gehalten? Günstig wäre es auch, im Sprechen über deine Gefühle nicht ein Zeichen von Schwäche oder einen »Kommunikationskiller« zu sehen, sondern eher etwas, wodurch du für deine Situation Verantwortung übernimmst.

Ich sehe ein Privileg darin, wenn mir meine Klienten von ihrem Leben und ihren Ängsten erzählen. Wenn sich jemand mir gegenüber öffnet und mir seine »Geschichte« erzählt, ist das oft der Anfang einer Reise, die zu etwas Besserem führt. Häufig geht es bei dieser Reise darum, die übermächtigen Gefühle zu verstehen, die Ungewissheiten und Unvollkommenheiten zu akzeptieren, die das Leben mit sich bringt, oder eine neue Art des Umgangs mit den Dingen zu entwickeln. Wenn du lernst, über das zu sprechen, was dich bewegt, und dich anderen mit deiner Verletzbarkeit zeigst, kann das deinem Leben eine ganz andere Richtung geben – wie es auch bei Anna der Fall war. Oft denke ich: wenn die Menschen nur wüssten, wie verbreitet Angststörungen tatsächlich sind und dass auch die optimistischsten und erfolgreichsten Menschen darunter leiden können.

Falls du darüber nachdenkst, dir professionelle Hilfe zu suchen, fragst du dich wahrscheinlich, was sie dir bringen kann. Leider gibt es darauf keine eindeutige Antwort – es sind einfach zu viele Faktoren, die im Einzelfall auf den Therapieerfolg Einfluss haben. Im Internet gibt es aber Selbsttests, mit deren Hilfe du einschätzen kannst, wie ausgeprägt die Angststörung bzw. der Leidensdruck in deinem Fall ist und wie motiviert du bist, Veränderungen in deinem Leben vorzunehmen. Lies den Abschnitt »Wer kommt als Gesprächspartner infrage?«, und wenn du dir darüber im Klaren bist, solltest du den Versuch machen. Du kannst davon nur profitieren.

ANHANG:

ANGSTZUSTÄNDE BEI KINDERN

In den gut zehn Jahren, in denen ich als Moderatorin einer Kindersendung arbeitete, hatte ich häufigen Kontakt und viele Gespräche mit Kindern aus allen Altersgruppen und Gesellschaftsschichten. Und auch in den Jahren meiner Beratungstätigkeit bei »Childline« habe ich mit vielen Kindern und Jugendlichen gesprochen, denen es wichtig war, sich in einem geschützten Rahmen öffnen zu können.

Viele Kinder berichten, aus einer ganzen Reihe von Gründen täglich mit Angst und Stress zu tun zu haben – und heute offenbar mehr denn je. Oft geht es dabei um den Druck, den sie in der Schule und im Elternhaus erfahren, um Probleme mit freundschaftlichen Beziehungen und dem eigenen Selbstwert. Diese Notrufe dürfen nicht ungehört bleiben. Vielleicht denkt sich manch einer: »Was für Sorgen kann ein Kind schon haben?« Aber aufgrund meiner eigenen persönlichen und beruflichen Erfahrung weiß ich, dass Kinder zur Überwindung ihrer Ängste unsere ganze Unterstützung benötigen, um eine möglichst glückliche, sorgenfreie und unbelastete Zukunft zu haben. Und ihnen zuzuhören ist das Beste, das wir tun können, um dieses Ziel zu erreichen.

Hier folgt nun Dr. Newells »Toolkit für Angstkinder«, das für jeden Erwachsenen, der Kinder in seiner Obhut hat, im Bedarfsfall eine wertvolle Hilfe sein kann.

Dr. Reetta Newell sagt ...

Wenn du selbst Kinder hast oder betreust, kannst du viel dazu beitragen, dass sie die für ihr Leben so wichtige Fähigkeit lernen, mit Angst umzugehen. Zunächst einmal: Kinder machen viele Ängste und Sorgen durch, die Teil der normalen Entwicklung sind (z.B. Trennungsangst mit etwa zwölf bis achtzehn Monaten, Angst vor der Dunkelheit und bestimmten Tieren mit etwa zwei bis vier Jahren oder Ängste in Bezug auf soziale Situationen im Jugendalter). Manche Kinder entwickeln jedoch Symptome, die einen großen Leidensdruck mit sich bringen und den Alltag stark beeinträchtigen können. Auf diese Anzeichen ist dabei zu achten: Panik/Wut/Gereiztheit/Anspannung, ständige Beunruhigung, Klammern, Weinen, Wutanfälle, Konzentrationsschwierigkeiten, Schlaf- und Essstörungen sowie körperliche Beschwerden (z.B. Bauchschmerzen, Kopfschmerzen, Atemprobleme).

In diesen Fällen würde ich immer dazu raten, dir eine professionelle Einschätzung zu holen, zumal wenn die Angstzustände gravierend sind und den Alltag zu Hause und/oder in der Schule erschweren. Erster Ansprechpartner ist hier der Kinderarzt oder auch die Schule, die dich an entsprechende Beratungsstellen verweisen kann. Oder du wendest dich direkt an einen Kinderpsychologen (Adressen und kostenlose Beratung bietet z.B. der Berufsverband Deutscher Psychologinnen und Psychologen (bdp) unter: www.psychotherapiesuche.de).

Abgesehen von der professionellen Hilfe gibt es aber noch eine Menge, das du selbst tun kannst, um dein Kind zu unterstützen. In meiner eigenen Arbeit mit Familien helfe ich Kindern und Eltern dabei, ein eigenes »Toolkit« für den Umgang mit der Angst zu entwickeln. Dazu gehören viele Ideen, wie ich sie in diesem Buch schon im Hinblick auf Erwachsene vorgestellt habe, die hier jedoch dem Alter und Entwicklungsstand des Kindes angepasst werden. Einige davon sind:

Toolkit für Angstkinder

- Unterstütze dein Kind, indem du dich zum Experten in Sachen Angst machst (vergiss nicht: Wissen ist Macht). Geeignete Mittel sind z. B. Selbsthilfebücher, Webseiten/Online-Videos oder Apps zum Thema Angst.
- Beschrifte Kärtchen mit Aussagen zur Angstbewältigung (z. B.: »Die Angst ist nur ein Gedanke, gegen den ich mich wehren kann«) und übe mit deinem Kind, sie zu gebrauchen. Wenn es etwa Angst vor der Schule hat, kann es ihm etwas von der Angst nehmen, wenn es den ängstlichen Gedanken durch einen anderen ersetzt wie: »Ich kann das und schaffe das auch«.
- Erkundige dich über Entspannungs- und Atemtechniken. Es gibt viele kindgerechte Methoden, die auf interessante und unterhaltsame Weise vermittelt werden. Recherchiere einfach im Internet.
- Stell eine »Erste-Hilfe-Box« mit beruhigenden Dingen für den emotionalen Notfall zusammen – idealerweise mit Gegenständen, die alle Sinne ansprechen, z. B. ein Kuscheltier (Tastsinn), eine Postkarte vom Lieblingsferienort/Fotos von der Familie (Sehsinn) und ein Lieblingssnack (Geschmackssinn).
- Hilf deinem Kind dabei, seinen Ängsten zu begegnen, indem du mit ihm eine Angstskala (von minimal bis maximal angsteinflößend) erstellst. Auf diese Weise lernt es, dass es

möglich ist, sich langsam auf der Skala hochzuarbeiten und die dabei auftretenden Ängste zu tolerieren.

Mir ist es wichtig, bei der Konzeption des Toolkits immer auch kreative Elemente einzubeziehen (z. B. zeichnen, kleben, Bilder ausschneiden), damit auch der Spaß nicht zu kurz kommt. Dazu benutze ich einen Bogen Papier in der Größe A4 oder A3 und fordere das Kind zunächst auf, einen richtigen Werkzeugkasten zu malen. Anschließend bitte ich es, all die unterschiedlichen Möglichkeiten dazuzuschreiben oder zu zeichnen, die es gibt, mit der Angst umzugehen, und über die wir uns schon in den früheren Sitzungen unterhalten hatten. Beispielsweise:

- Das Kind schreibt vielleicht dazu: »Ich denke an die Bauchatmung« oder »Ich denke an das Video über das Vermeiden und wie die Angst davon größer wird«.
- Manchmal beziehe ich mich dabei auf Spielsachen oder Zeichentrickfiguren, die das Kind aus dem Fernsehen kennt. Ich verwende Lego-Männchen für Rollenspiele, um zu zeigen, wie das Gespräch in der Familie besser funktioniert. Oder ich benutze Bilder von Prinzessinnen aus Disney-Filmen, und wir machen uns Gedanken darüber, wie man in bestimmten Situationen mutig mit den Ängsten umgehen und ihnen Paroli bieten kann. Im Anschluss schreiben wir dann die Ideen auf, die uns dazu gekommen sind.
- Sinnvoll ist es, möglichst viele Werkzeuge zur Verfügung zu stellen, denn wenn man ihnen nur ein bestimmtes Werkzeug zum Umgang mit der Angst anbietet, werden die meisten Kinder am Ende sagen: »Es funktioniert aber nicht!«
- Vergiss nicht, dass die meisten dieser Werkzeuge in irgendeiner Form deine Mitwirkung verlangen. Die könnte etwa

darin bestehen, dass du dein Kind aufforderst, sich in einer angstauslösenden Situation eines bestimmten Werkzeugs zu bedienen. Vielleicht sieht das Werkzeug aber auch regelmäßige Termine zur Besprechung oder Problemlösung unter vier Augen vor.

Schließlich solltest du nicht die Macht der Vorbildwirkung unterschätzen. Indem es dich dabei beobachtet und darin nachahmt, wie du mit Angst und Stress umgehst, lernt dein Kind sehr viel von dir. Was bekommt dein Kind zu sehen, wenn du gestresst bist? Neigst du dann vielleicht dazu, laut zu werden oder dich gefühlsmäßig zu verschließen? Denke einmal darüber nach, ob du in diesem Fall etwas anders machen könntest (bleib dabei aber realistisch, auch Eltern sind nur Menschen!). Kannst du dir vorstellen, über deine Gefühle auf eine altersgerechte Weise zu sprechen, damit dein Kind besser nachvollziehen kann, was in dir vorgeht? Das wäre zugleich eine ideale Gelegenheit, deinem Kind die Bedeutung eines fürsorglichen Umgangs mit sich selbst zu demonstrieren, indem du dich für einen Moment aus der Situation herausnimmst und dir eine Verschnaufpause gönnst. Darüber hinaus bieten Konflikte auch die Gelegenheit, dein Kind etwas darüber zu lehren, dass Menschen unterschiedlicher Meinung sein können und wie man sich nach einem Streit wieder versöhnt – oder welche Fragen zwischenmenschlicher Art dabei sonst auftauchen mögen.

Achte als Elternteil auch auf deine eigenen Emotionen, während du versuchst, dein verstörtes Kind zu beruhigen – wahrscheinlich wird es über deine Körpersprache und Stimmlage spüren können, wie du dich fühlst. Sprich mit ihm in einem bedächtigen und beruhigenden Tonfall und gestehe ihm seine Gefühle zu, anstatt es einfach nur aufzufordern, sich zu beruhigen, oder ihm zu sagen, dass alles gut ist. Du kannst deinem Kind auch vermitteln, dass Gefühle nicht ewig anhalten, sondern kommen und gehen. Selbst die schlimmsten Angst- und Panikgefühle vergehen auch wieder.

Nehmen wir an, dein Kind macht sich Sorgen darüber, eine Zeit lang von dir getrennt zu sein. Anstatt seine Sorgen abzutun und ihm zu sagen, dass eine Trennung doch nichts Schlimmes ist, könntest du versuchen, deinem Kind dabei zu helfen, über seine Gefühle zu sprechen und zu benennen, was ihm solche Angst macht. Vielleicht könnt ihr ein spezielles Abschiedsritual vereinbaren, oder du könntest deinem Kind für die Zeit, in der ihr getrennt seid, einen Gegenstand überlassen, der es an dich erinnert. Eine weitere Möglichkeit ist, sich auf die Zeit danach zu freuen, wenn ihr nach der Schule gemeinsam einen Nachmittag im Garten, auf dem Sofa oder im Park verbringt.

DANK

Anna Williamson

. . . .

Ohne die Unterstützung und den Glauben einer Reihe von Menschen an mich wäre dieses Buch wohl ein bloßer Wunschtraum geblieben.

Da ist zunächst meine wunderbare Lektorin Charlotte Croft. Ihre Erfahrung, Ermutigung und ihr Weitblick waren für mich von unschätzbarem Wert, wofür ich ihr und dem ganzen Team von Bloomsbury Publishing zutiefst dankbar bin – einen besseren Verlag hätte ich mir gar nicht wünschen können!

Dann die Ausnahmepsychologin (und tolle Mutter!) Reetta Newell, von der ich einfach wusste, dass sie die perfekte Co-Autorin für dieses Buch ist. Ihr Beitrag und kompetenter Rat waren das Sahnehäubchen auf unserer Vision, Angstgeplagten eine praktische Hilfestellung zu bieten.

Meine Literaturagentin und »Anbahnerin« Samantha, die mir überhaupt erst den Anstoß dazu gab, über meine Erfahrungen zu schreiben, brachte Bloomsbury und mich als ein Dream-Team zusammen. Ohne sie wäre dieses Buch nicht entstanden. Dann ist da noch Claire »Mulvers«, Publizistin und treue Freundin, die mich niemals im Stich gelassen hat und jetzt viel zu viel über mich weiß!

Ein von Herzen kommender Dank geht an meine liebe Familie, vor allem an Mum und Dad, die niemals über mich geurteilt haben und immer für mich da waren. Sie haben mir geholfen, nicht den Boden unter den Füßen zu verlieren und zu dem Menschen zu werden, der ich heute bin. Der Beweis dafür, dass Liebe und eine innige Umarmung alles bewirken können.

Meinen großartigen Freunden – und ihr alle wisst, wer gemeint ist – danke ich dafür, dass sie mich niemals aufgegeben haben, auch wenn es manchmal zum Verzweifeln mit mir war, und mir Getreue fürs Leben sind. Ihr wart und seid mein Fels in der Brandung.

Meinem Mann Alex, meinem »A-Team-Partner«, danke ich für das Verständnis und die Geduld, die er in all der Zeit für mein ehrgeiziges Ziel aufgebracht hat, dafür, dass er mir Mut gemacht hat, wenn ich beim Schreiben ins Stocken kam, und aufrichtig an mich und dieses Buch geglaubt hat.

Eine ganz besondere Erwähnung verdient auch unsere kleine »Hercy«, die während der neun Monate, die es gedauert hat, dieses Buch zu schreiben, sein Werden in der sicheren Obhut meines Bauches begleitet hat – mit jedem Tritt, Stoß und Schluckauf hat sie mich auch in den einsamsten Stunden ihrer Gesellschaft versichert.

Ein ganz großer Dank geht an all die Mitarbeiter von Mind, Childline und The Prince's Trust – es macht mich unglaublich stolz, Vertreterin und Sprecherin dieser drei großartigen Hilfsorganisationen zu sein. Bei meinem Buchprojekt waren mir dabei besonders Sophie Rawlings, Paul Farmer und das Team von Mind eine große Hilfe. Ihre Arbeit hat für viele Menschen mit einer Angststörung einen Wendepunkt im Leben bedeutet und wird es auch künftig tun.

Und last, but not least ein ganz großes Hoch auf dich und all die anderen Angstgeplagten, die zu diesem Buch gegriffen haben, um mehr über etwas zu erfahren, das so viele durchmachen und wovon so wenige sprechen. All meinen tollen Klienten, Fans und Followern danke ich dafür, dass sie mir Einblick in ihr Leben gewährt haben, und es ist mir eine Ehre, mich dafür zu revanchieren.

Reetta Newell

· · · · · · · · · · · · · · ·

Für mich ist es ein Privileg, dass ich im Lauf der Jahre mit so vielen Klienten und Klientinnen und Kollegen und Kolleginnen zusammenarbeiten konnte, die mir bei der Entwicklung zur klinischen Psychologin eine große Hilfe waren. Meinen beiden wunderschönen Töchtern danke ich dafür, dass sie mit ihrer Liebe und Keckheit dafür sorgen, dass ich mit den Füßen auf dem Boden bleibe, und meinem Mann für all seine Unterstützung.

Internetadressen

www.psychotherapiesuche.de
www.netzwerk-psychotherapie.de
www.dieonlinepsychologen.de/tag/notfalladressen.html
www.borderline-plattform.de/index.php/selbstverletzung
www.rotelinien.de
https://hilfe.diakonie.de
www.caritas.de/hilfeundberatung/hilfeundberatung

www.telefonseelsorge.de